배인환 산문집 12

한말글 사랑과 영화감상

글 · 배 인 환

도서출판 애드 파워

서 문

2006년 고창수 선배의 소개로《미네르바》와《다시올문학》에 발표했던 영화 감상문과 대전에 있는《한말글 사랑》에 발표한 글을 묶기로 했다.

이 글들은 대부분은 정년을 한 후에 쓴 글이다.

돌이켜 보면 한말글 사랑에 글을 발표하기 시작한 것이 2005년부터인 것 같다. 주위의 권에 못 이겨 참가했는데, 그 후 한말글에 낼 글을 쓰면서 다른 분들의 글을 읽으면서 나도 모르게 우리말과 글을 사랑하게 되었다. 이 점은 나에게 큰 수확이다.

나는 평소 모국어뿐만 아니라 외국어도 배워야하고, 동양문화를 이해하기위해서는 한문과 일본어도 중요하다는 생각이었다. 전에는 그래서 한말글에 대해서 조금은 무심했던 것 같다.

하긴 모국어는 어머니 같기도 하고 공기 같은 것이니까.

영화감상문을 쓰면서 젊었을 때 누렸던 영화 마니아의 본성이 되살아나 영화 감상을 즐기게 되고 그로 인하여 젊어진 것 같다. 영화 관람은 내 생활에 활력소가 되었다.

사실 영화는 종합 예술이다.

이 정도로 영어감상문이나 한말글 사랑에 대한 글을 정리하면서 더 이상 쓰지 않을 것이냐 하면 그것은 속단할 수 없다. 문인 중에는 안 쓴다고 약속하고 쓰는 사람을 많이 보아왔다. 나도 아마 그럴 사람이기 쉽다. 글쓰기는 어쩌면 숙명이나까.

2020년 여름

빈계산 기슭 금수재에서 저자

차 례

제 1 권 한말글 사랑

제 1부 「양산가」해프닝

제 2 부 흥미로운 언어의 일치

제 3 부 세계화 시대에 있어서 해외교포 한글 교육의 현황

제 4 부 향가의 탄생과 몰락

제 2 권 영화 감상

제 1 부 명화『대부God Father』 감상

제 2 부 시 영화 너덧 편 감상

제 3 부 명화『흐르는 강물처럼A River Runs Through It』감상

제 4 부 『이미테이션 게임The Imitation Game』 감상

제 1 권

한말글 사랑 글

제 1부 「양산가」해프닝

「양산가」해프닝

광화문에 있는 교보문고에 가보면 늘 놀라운 것이 두 가지 있다. 하나는 우리나라 독서 인구가 형편없다는 데 그 많은 인파에 놀란다. 다른 하나는 내가 찾는 책의 대부분이 없다는 것이다.

북적대는 인파는 발 디딜 틈이 없을 정도이니 이 정도면 어느 나라 어느 도시의 책방과도 비견된다는 자부심을 느낄 만하다.

또 다른 하나인 내가 찾는 책이 대부분 없다는 것은 무엇을 의미하는가? 꼭 우리나라의 모든 것이 집약되어 있는 현실과 같다는 생각이 든다. 이상한 쪽으로만 비대해진 현실과 퍽 닮았다. 내용이 부실하다는 점이다.

책방이나 도서관은 국민 정서를 잘 반영하는 곳이다. 도서관이 대학입시나 취직 공부만을 하는 곳이라면 문제가 있다고 본다.

요즈음 도서관에서는 작가나 시인, 교수들이 평생을 모은 책을 기부한다고 해도 받는 곳이 없다. 신간서적을 공짜로 준다고 해도 받지 않는다.

책방에 인문학 서적은 뒷전으로 밀려나고 돈벌이하는 방법과 취직 시험, 취미 생활이나 하는 종류의 책들이 판을 친다면 그 또한 문제라고 생각한다. 컴퓨터와 관련된 책과 베스트셀러 작품만 진열된다는 것도 역시 문제이다.

그날도 내가 잘 다니는 국회 도서관에 가서 로버트 프로스트의 시집을 찾았다. 3권을 찾았는데 하나같이 너무 오래된 책들이어서 신간이 있나 싶어 교보문고에 갔는데 프로스트의 시집이 단 한 권도 없었다. 이 큰 서점에 프로스트의 시집이 단 한 권도 없다니 기가 막혔다.

일전에는「양산가」를 인터넷에서 찾았으나 그 유래만 전할뿐 가사가 전하지 않는다고 되어 있다. 브리태니커 백과사전을 찾았다. 그곳에도 같은 내용이었다.

> 양산가: 작자. 연대 미상의 신라 가요. 가사는 전하지 않고 유래만 『삼국사기』열전 제 7 김흠운 조에 전하며 같은 내용이 축약되어 『증보문헌비고』 권 106 악고 17에 실려 있다.

그런데 전에 충남대 도서관에 가서 삼국시대 산성의 자료를 찾으며 「신라군의 공격로」라는 논문을 보다가「양산가」를 발견한 일이 있다. 그 논문에는「양산가」의 출처를 『동국여지승람東國與地勝覽』이라고 밝히고 있다. 한 때 나는 이 양산가가 신라시대의 양산가인 걸로 잘못 알고 글을 쓴 일이 있다. 무식이 탄로 난 사건이었다.『동국여지승람』을 찾아보았더니「양산가」가 있었다.

> 적국敵國이 큰 돼지 되어,
> 우리나라의 변경邊境을 점차로 먹어 들어오니
> 용맹스런 화랑花郞의 무리들
> 보국報國하노라고 마음에 겨를이 없었다.
> 창 메고 처자妻子를 하직하고
> 샘물로 입가시고 말린 밥을 씹었네.
> 적병賊兵이 밤에 성책城柵을 무찌르니
> 씩씩한 혼백魂魄이 칼날 앞에 날아 흩어졌다네
> 머리를 돌려 양산陽山의 구름을 바라보니,
> 무지개 빛 높이 뻗쳤구나.
> 슬프다. 네 사람의 대장부大丈夫는 마침내 모르는 북방의 강强이었네,

천추千秋에 귀웅鬼雄이 되어
서로 더불어 초장椒漿을 응감하리

고전국영총서 신중동국여지승람 3 p292민족문화추진회
89. 10.20 중판

敵國爲封豕,荐食我邊疆,赳赳花郎徒,報國心靡遑.荷戈訣妻子,嗽泉啖糗粮.賊人夜劘壘,毅魂飛劒鋩,回首陽山雲,矗矗虹蜺光,哀哉,四丈夫,終是北方强.千秋爲鬼雄,相與歆椒漿.
적국위봉시,천식아변강,규규화랑도,보국심미황. 하과결처자,수천담구량.적인야마루,의혼비검망.회수양산운,촉촉홍예광.애재,사장부,종시북방강.천추위귀웅,상여흠초장.

新增東國與地勝覽 陽山歌 卷之 21 p93-94

김종직의 동부 악부에는 신라의 부전가요不傳歌謠 7수를 제재로 한 악부 7수가 전하는데, 우리나라 최초의 악부로, 양산가에 대한 최초의 문헌이기도 하다. 그러나 제재가 양산가일 뿐 실제 전하는 양산가의 가사는 아니다. 이 양산가가 『동국여지승람』에도 전하는데 김종직 자신이 이 동국여지승람을 증수增修할 때 (신증동국여지승람55권) 첨가한 것으로 보인다.

교보문고를 나오면서 생각하니까 내가 찾는 책은 묵은 시집이거나 문학 관련 서적이 대부분이다. 그러니 있을 리가 없다. 복권이라도 당첨되면 시집만을 파는 특수 서점을 내보고 싶다. 도서관도 교보문고에도 없지만 내 서점에 오면 항상 찾는 시집이 있는 그런 서점이 서울에 하나쯤은 있었으면 좋겠다.

(2009)

양산 '덜경이'와 '덜께기'

전에 「양산가」의 발원지가 양산 덜경이로 알고 있어 인터넷을 찾아보았다. '덜경이'가 아니라 '덜게기'로 나와 있었다. 양산에 있는 산인 갈기산585m의 벼루를 '양산 덜게기', 제원에 있는 월영산526m의 벼루를 ' 제원 덜게기'로 부르는데 덜게기는 충청도 방언으로 설명하고 있었다.

서점에 간 김에 국어사전 코너에 갔다. 지금은 국어사전도 다양하게 나오고 있다. 전통적인 국어사전 말고 국어사투리사전을 찾았다. 인터넷에서 본 양산 '덜께기'와 '덜경이'를 찾아보고 싶었다. 조그마한 우리말 방언사전이 있었지만 찾는 낱말은 없었다. 그래서 큰 사전을 찾았다.

국어대사전 제 3 수정판-영구보존판 이희승 편저 민중서관 2005년 1월 10일 수정 p905

덜경이: ㊔ (방) 덜께기

덜께기: ㊔ 늙은장끼 늙은 수꿩

* '덜게기' 란 낱말은 없음

국립국어연구원 표준국어대사전 두산동아 2000년 3월 20일 p1524(상권)

덜경이: 덜께기의 잘못

덜께기: 늙은 수꿩

* 역시 '덜게기' 란 낱말은 없음

대략 이런 내용이었다. 기타 서울대학교나 연세대학교에서 내놓은 국어사전에도 이런 낱말이 나와 있지 않았다.

덜게기는 덜께기의 연음 화 된 낱말이 아닐까 하는 생각이 들었다. 인터넷의 설명처럼 덜게기가 벼루의 사투리라면 이런 국어대사전에는 들어있어야 되고 덜께기의 풀이에 '벼루: 낭떠러지의 아래가 강이나 바다로 통한 위태한 벼랑' 이라고 써져야 할 것 같다. 나는 덜께기가 늙은 수꿩이란 풀이는 맞는지 모르지만 그것이 오류라면 문제는 이중이 된다.

금산에 간 김에 양산에 가서 주민들에게 물어보고 싶었다. 그곳에도 이런 것을 물어볼 만한 사람을 만나지 못했다.

어쩔 수 없이 빈손으로 돌아왔다.

(2005)

어학연수 여행

어학연수 여행, 어학연수 유학을 떠나는 사람이 부지기수로 늘어나고 있다고 한다. 영어 연수가 대부분이지만 점차 스페인어, 독어, 불어, 중국어, 일어, 아랍어, 몽골어, 아프리카의 소 부족 언어 등. 세계의 어느 언어를 마다 않고 영역이 확대되고 있는 추세이다.

지구촌이 세계화되면서 일어나는 필연적인 현상이라고 생각한다.

사람들은 점차 세계화되면서 영어는 필수, 제2외국어는 선택이라고 생각하고 있는 것 같다. 세계 지식의 80%가 영어로 쓰여 있고 세계적으로 우수한 논문은 전부 영어로 써야 한다. 학술 발표도 영어로 해야 한다. 우리나라의 우수한 문학 작품들이 세계에서 알아주지 않는 것도 언어의 장벽 때문이라고 생각한다.

어떻게 된 영문인지 세계 100대 대학의 대부분이 영어권의 나라에 편재되어 있으니 우리 국민들이 영어 공부의 필요성을 잘 알고 있는 셈이다. 안타깝게도 영어를 모르면 세계 시민으로서 문맹인이 될 수밖에 없는 시대에 우리는 살고 있다.

이에 반하여 영어의 습득은 쉬운 것이 아니다. 우리나라 교육제도에서는 소수의 상위권 학생만이 근근이 영어를 할 수 있음을 그 동안 많은 대가를 치르면서 명백히 보아왔다.

외국어의 습득은 그 말을 사용하는 나라에 가서 배우는 것이 가장 쉽고 빠른 방법으로 알려져 있다. 어려운 학술 이론을 열거할 필요도 없이 유아기의 어린애들이 모국어를 습득해 가는 과정을 잘 관찰해보면 누구나 수긍을 할 수 밖에 없다. 그런데 그 연령의 한계가 12~13세까지라는 것이 문제이다. 그 후에는 자연적인 언어습득이 어렵다는 것이다. 영어

학습만을 위한다면 초등학교에서부터 정식과목으로 넣어서 영어를 가르쳐야 한다. 현실은 그렇지가 않다. 그렇기 때문에 너무 어린 아이를 외국에 혼자 보낼 수가 없어 어머니가 데리고 떠나, 짝 잃은 기러기 아빠가 생겨났다. 또한 기러기 엄마가 생긴 집안도 있는 모양이다. 이런 비참한 현실을 보고 웃어야 할지 울어야 할지 모르겠다. 일전에 기러기 아빠가 자살했다는 기사가 신문에 났다. 요사이 유행하는 우울증이라고 그럴싸하게 말했지만, 남의 일이 아닌 것 같다.

우리나라 부모들의 교육열은 세계 어느 나라도 따라갈 수가 없다. 그 점 때문에 다른 나라에서는 좀처럼 보기 어려운 이런 기현상이 일어나는 것이 아닐까.

하긴 현지 어학연수는 일본이 우리보다 먼저 시작했다. 그러나 일본의 엄마는 우리나라 엄마보다 극성이지 않다. 그들은 보다 이성적이다. 우리나라 부모는 훨씬 희생적이고 감성적이고 극성스럽다. 믿을 수 없는 이야기지만 자녀의 과외비를 위해서 술집에서 술을 따르기도 한단다.

어학연수 여행, 어학연수 유학비용이 날로 증가하고 있다. 작년 통계로는 교육부 예산의 1/20에 해당하는 3조원이 넘는다는 이야기다. 3조원 어마어마한 금액이다. 그러나 이 금액은 한계는 있겠지만 점차 더 늘어날 전망이다.

이러한 기현상을 해결하기 위해서 인천에다 외국인 학교를 세운다는 이야기며, 영종도를 영어만을 사용하는 특별 구역으로 만들겠다는 이야기가 나오고 있다. 그러나 반대하는 사람들도 많이 있다. 신지식인이라고 자처하는 사람들은 평등주의에 위배된다는 목소리를 내고 있다.

이러다간 한글을 없애고 영어를 사용어로 하자는 이야기가 나오지 않을까 우려된다. 요즈음 터져 나오는 일련의 사건들을 보면 이건 기우가 아닌 것 같다. 극히 일부지만 이미 그런 주장을 한 사람이 있었다고 한다.

세상은 급변하고 있다. 우리 국민들의 생각은 편의주의로 흐르고 있다. 목소리 큰 사람이 최고인 세상으로 치닫고 있다. 여자들의 목소리가 남자들을 능가하고 있다. 영어에 열을 올리는 쪽도 아빠 쪽보다는 엄마 쪽이다.

이미 호주제는 폐지되었다. 몇 년 전까지만 해도 어림없는 좌경화된 사회가 되고 말았다. 자칭 지식인 이라는 사람이 어떤 말을 할지 모른다.

조선 시대 때 어림도 없던 한글 전용이 60여 년이 흐른 현실이다. 조선시대의 위정자나 학자들이 한문이 자취를 감춘 지금을 보면 어떤 말을 할까.

한글의 위기를 느낀다. 한글이 없어진 우리나라는 생각할 수도 없다. 기상천외의 사건이 일어나는 현실이 두렵다.

(2005)

프랑스어가 내 조국

저 지난 해 봄, 어느 문학 발표회에서 프랑스 출신의 소설가 장 마리 구스타브 르 클레지오Jean-Marie Gustave Le Clezio의 강연을 들은 일이 있었다.

그에 대한 작은 에피소드가 신선한 충격을 주었다.

나는 그날 그를 만나고 난 후 그가 프랑스가 낳은 세계적인 소설가임을 비로소 알았다. 소개지에는

장 마리 구스타브 르 클레지오Jean-Marie Gustave Le Clezio: 소설가. 1940년 프랑스 니스에서 태어났다. 1963년 첫 소설 『조서Le Proces -verbal』로 르노도 상Prix Renaudot을 수상하면서 문단에 나왔다. 『열병La Fievre』 『홍수Le Deluge』 『물질적 황홀L'Extase materielle』등 화제작을 연달아 발표하며 프랑스 문단의 살아있는 신화로 불리게 되었다. 2001년 방한 시 전남 화순의 운주사를 둘러본 후 「운주사, 가을비」라는 시를 쓰기도 하였다. 대표작으로『성스러운 세 도시Trois Villes Saintes』 『우연Hasard』 『황금 물고기Poisson d'or』등이 있다.

다른 책을 찾아보았더니

그에게는 조국이 없을 만큼 다국적 적인 요소들이 있었다. 우선 출생이 영국인 아버지와 프랑스인 어머니 사이에서 태어나서, 아프리카에서 주로 자랐다. 아내 제미나는 모로코 출신이다. 영국과 프랑스 국적을 가졌고 대학은 영국의 런던대학과 또 다른 대학을 다녔고 프랑스의 니스대학도 다녔다. 대학을 세 군데나 다녔다.

여행을 좋아하고 타 문명에 대한 관심이 많아 여러 나라에서 오래 살았다.

한 때 멕시코에서 불문학을 가르치면서 서구문명에서 찾아볼 수 없는 자연과 어우러진 삶을 살았다. 그 후 인도차이나 반도에서도 10년 정도 살았다고 한다. 한 나라에 가서 10년 정도 산다면 그 나라를 다방면으로 이해하기에 충분한 시간이다.

그가 프랑스를 떠나 하도 오래 외국에서 살고 그곳의 소재와 문화를 바탕으로 소설을 쓰자 한 기자는, 그에게 '당신의 조국이 어디인가? 당신에게 조국이 있기나 한가?' 라는 좀 난처한 질문을 던진 일이 있단다. 그 때 그는 '나의 조국은 프랑스어'라고 엉뚱해 보이는 대답을 했다.

시인이나 작가는 언어에 의해서만 존재할 수 있는 특수한 사람들이다. 그래서 그가 그렇게 대답한 것이 하나도 이상할 것이 없다. 오히려 그다운 명답이라는 생각이 들었다.

그의 말에는 모국어인 프랑스어에 대한 강한 자부심과 프랑스 문학이 세계문학이라는 오만이 깔려있다. 작가는 세계시민 이라는 이야기도 포함되어있다. 작가는 보다 많은 체험을 위해서 현장에 가서 살아봄으로 타 민족의 문화와 삶을 직접 경험해보되 모국어인 프랑스어를 잊어서는 안 된다는 뜻으로 받아들여졌다. 한 나라에 갇힌 삶을 살아서는 세계의 시인이나 작가로 우뚝 설 수 없다는 이야기 이기도하다. 그런 삶을 살며, 그런 체험을 할 수 있는 그들의 부와 능력이 부럽다.

우리나라 시인이나 작가들 중에 외국에 나가서 활동하면서 과연 '나의 조국은 한국어'라고 말 할 수 있는 사람이 있을까. 외국에서 활동하는 대부분의 시인이나 소설가들은 영어로 작품을 쓰고 있는 것으로 알고 있다. 물론 외국에서 살아가자면 영어로 작품 활동을 하는 것이 여러모로 유리할 것이다. 그러나 문학가는 눈앞의 이익을 쫒는 그런 단세포의 인간은 아니다. 먼 앞날을 내다보고 아무도 인정해주지 않고 따라오지 않아도 그것이 옳다고 생각하면 묵묵히 그 길을 혼자라도 가는 사람이 참다운 문인이다.

앞에서 말한 것처럼 장 마리 구스타브 르 클레지오는 영국국적도 가지고 있고 영국인 아버지에다 영국에서 대학을 두 군데나 다녔다. 영어가 프랑스어를 능가하는 현실이다. 그런데도 그는 프랑스어로 작품 활동을 하고 '프랑스어가 내 조국'이라고 말했다. 그 점이 본받을 만 하다고 생각했다.

내가 대학에 다닐 때 들은 이야기로는 프랑스어는 연애하기에 좋은 언어라고 했다. 그 이야기는 프랑스어가 문학작품을 쓰기에 좋은 언어라는 간접표현이다. 사랑이야 말로 문학의 가장 보편적인 주제이기 때문이다.

그렇다. 모국어는 작가나 시인의 생명이다. 외솔이 아니더라도 '한글이 내 목숨이다.' 라고 말할 시인이나 소설가가 진짜 소설가나 시인이 아닐까.

(2006)

영어사전이 왜 한글사전보다 많은가

우리 집에 제일 많은 사전은 영어사전이다. 다음이 옥편이다. 그 다음이 한글사전이다.

나는 중등학교에서 영어를 가르치며 평생을 살은 사람이다. 그래서 영어사전이 집에 많은 것은 어쩌면 당연하다. 그러나 내 친구 중에 국어선생이 여럿 있는데 그들 집에도 영어사전이 국어사전 보다 많다고 한다. 물론 국어 선생이면서 영어를 잘하는 친구들이 많다. 그러니 영어사전이 더 많은 것은 하나도 이상하지 않다. 국어 선생 뿐 아니라 우리나라 대부분의 가정에는 영어 사전이 국어사전 보다 많은 것이 현실이다.

어느 책방에나 들어가서 진열대에 비치되어 있는 사전의 분량을 살펴보면, 영어사전을 100으로 보았을 때 50이 국어사전이다. 그리고 옥편과 다른 외국어사전들의 순서이다.

아마 광복 후 우리나라 출판사에서 발간한 사전을 다 더한다면 한글사전보다 영어사전이 몇 배 더 많을 것이다.

국어사전보다 영어사전이 많다는 것은 필요에 따라서 그렇게 된 것일 것이다. 수요가 있으니까 필연적으로 공급이 따랐다는 경제의 초보적인 이론일 것이다. 한글을 사랑하지 않아서 라거나 국가에 대한 애국심이 없다는 이야기는 아니라는 말이다.

거리에서 성경을 공짜로 나누어주는 것을 많이 보아왔다. 참 대단하다는 생각을 했다. 종교와는 거리가 먼 우리 집에도 그래서 성경책이 몇 권 있다. 그런데 한글사전을 만들어서 사람들에게 공짜로 나누어 줄 수는 없는 것인가. 조사는 안 해봤지만 한글사전이 없는 집이 많이 있을 터인데. 그러한 실행이 실질적인 국어사랑이 아닐까 혼자 생각해 본다.

뭐니 뭐니 해도 우리 국민에게는 한글이 으뜸이다. 아무리 영어가 국제어라고 하지만 우리의 상용어는 국어이고 국어에는 우리의 혼과 문화가 있다.

가정이나 학교, 사무실에 국어사전이 없다는 것은 그만큼 사전을 사용하지 않는다는 것을 말해준다. 그러니 국어 낱말을 정확히 모르면서 사용하는 경우가 흔하다. 그리고 사용하는 어휘의 수가 고정되어 있고 적을 수밖에 없다. 물론 어휘의 습득은 사전에서만 습득하는 것은 아니다. 우리의 주위에 있는 모든 것으로부터 습득할 수가 있다. 다만 정확한 지식은 경험에 의한다면 사전이 최고의 스승이다. 이런 사전을 우리는 무시해온 것 같다.

사전을 찾지 않아도 우리의 생활에는 별 불편을 느끼지 않는다. 국어를 틀리게 사용하는 것을 별로 부끄럽게 생각하지 않았다. 학교에서도 국어 선생이 아닌 타 과목의 선생이 한글을 틀리게 사용해도 이해를 해준다. 그런데 참 이상하게 영어 단어를 틀리게 사용하는 것은 수치스럽게 생각한다.

한글사전은 예산관계로 10년 만에 개정판을 낸다고 한다. 오늘날과 같은 변화가 빠른 시대에 10년은 너무 긴 시간이 아닌가. 반문해본다.

우리는 한글이 우리나라 글이니까 우리나라 말이니까 하는 편안한 마음에서 등한시 해온 것은 아닌가. 공기와 물처럼. 부모님처럼. 그러나 부모님도 항상 우리를 기다려주시지는 않는다. 공기와 물도 영원할 수는 없다. 우리말과 글은 우리의 관심과 사랑을 기다리고 있다.

(2006)

한말글 사랑

언제부터인가『한말글 사랑』을 받아보면서 국어선생들이 주로 하는 꽤 괜찮은 모임 정도로 알았는데 작년에 내가 이 단체에 참여해서 글을 발표하고 다른 회원의 글을 읽어보고는 내가 이곳에 있는 것이 정당한가 하는 의문이 생겼다. 그 이유의 하나는 나의 한글에 대한 사랑이 많은 분들과 좀 다르다는 것이고 다른 하나는 글의 내용이 비전문가의 글들이었으면 좋겠는데 너무 전문적인 글을 지향하는 것이 아닌가 하는 점에서였다.

한편 생각해보니까 오케스트라에는 꼭 필요한 악기 이외에도 눈에 안 띄는 악기가 더러 있다고 생각했다. 일 년에 한두 편 정도의 짧고 가벼운 글이야 못쓰겠느냐. 시인 이라면 모국어에 대한 사랑에서 출발해야 된다고 생각한다. 그렇다고 내가 그 동안 모국어를 사랑하지 않은 것은 아니었다.

나는 언어에 대해서도 보편적인 생각을 갖고 있다. 다시 말하면 한글 사랑도 세계화의 관점에서 사랑해야한다는 생각을 갖고 있다. 다시 말하면 한글이 최고라는 국수주의는 시대에 뒤진다는 생각이다. 언어도 문화와 마찬가지로 수입할 것은 수입해서 우리 말 화해서 사용할 수 있다고 생각한다. 내가 잘 못 봤는지 모르지만 이 책은 그쪽으로 기울어 있는 것 같다.

또한 이 책이 너무 전문적인 지식을 표현하려고 노력하는 것이 아닌가 하는 생각을 갖게 되었다. 이 말은 다른 뜻이 아니라 전문적인 지식을 갖고 있는 분들의 글이 이 책에는 많다는 이야기이다. 전문적인 잡지의 성격을 띤다면 일반적이지 않다는 뜻이 되므로 그렇지 않아도 독서 인구가 현격히 줄어드는 마당에 외면당하지나 안을까 하는 기우에서다. 우리는 전문 학자가 아니기 때문에 전문적인 글보다는 반만 전문적인 글들이 많았으면 좋겠다는 생각을 갖게 되었다. 그런 글이 오히려 소박한 글이기 때문이다.

그러나 나는 이곳에서 그 동안 덜 사랑했던 모국어에 대한 부모의 사랑 같은 무조건적인 사랑도 배워보고 전문가들의 글도 읽어보는 계기로 삼고 싶다.

한말글 사랑 회원인 내가 한문과 영어를 많이 쓰자 라고 말한다면 이적 행위가 될 것이다. 따라서 그런 말은 하지 않겠다.

그러나 현실의 모순은 영어를 그렇게 쓰지 말자고 해도 말을 듣지 않고 영어를 계속 쓰는 추세이다. 각 도시의 로고는 왜 하나 같이 영어인가. Hi! Seoul이니 It's Taejon인가. 서울 버스에는 왜 초록색을 칠하고 G자를 크게 써놓았는가. 왜 회사 이름들은 영어의 이니셜initial인가. 그렇게 유행하던 패러다임paradigm이라는 낱말은 이제는 왜 잘 안 들리는가. 이런 생각을 하면 끝이 없다.

일전에 종로경찰서와 마포경찰서 이름이 한문인가 시간이 있으면 가보고 오라는 평소 존경하는 선생의 연락을 받고 가보았더니 한글, 영어, 한문으로 써놓았다. 여러 가지를 배려한 조치로 이해되었다.

우리가 중국이나 일본에 가보면 토막 한문지식이 요긴하게 쓰임을 알고 돌아온다. 글로벌Global 시대는 많은 언어를 아는 것이 좋은 것은 두 말이 필요 없다.

(2007)

국립중앙박물관의 한글관

용산에 국립중앙박물관이 생기면서 그곳에 자주 간다. 내가 살고 있는 아파트에서 그리 멀지 않아 가기가 편하다. 새로 잘 지은 건물과 넓은 터에 조성해 놓은 공원이 마음에 들고 문화재라는 점에 끌렸다. 바로 옆에는 가족공원도 전쟁기념관도 있다. 세계에서 7번째로 큰 박물관이라고 자랑이 한창이었다.

국립중앙박물관의 첫 인상은 우선 부지가 넓고 넉넉했다. 5000년 우리나라 역사의 문화유산을 담기에 부족할 것이 없을 것 같았다.

우리나라도 모름지기 문화의 시대가 열린 것이다.

너무나 많은 유물들이 있어서 한꺼번에 다 볼 수는 없는 노릇이다. 처음으로 그곳에 간 날에 자원봉사 안내원에게 물어보았더니 4가지만 보란다.

금동반가사유상 국보 83. 신라금관. 백제대향로. 안견의 몽유도원도만 보란다. 맨 마지막 작품은 고개가 갸우뚱해졌다. 몽유도원도가 그렇게 좋은 문화재인가는 몰랐기 때문이었다.

이들 국보를 보고 대충 박물관을 둘러보다가 한글관을 보았다. 국립중앙박물관이 경복궁에 있을 때도 한글관이 있었는지 없었는지는 잘 모르겠기에 그곳 직원에게 물어보았으나 갈팡질팡했다. 있었다는 사람도 있었고 없었다는 사람이 반반이었다.

한글관을 보고 눈이 번쩍 떠졌다. 참 좋은 착상이라고 생각했다. 내가 본 몇 군데 지방 박물관에서는 한글관을 본 일이 없었다. 역시 중앙박물관이다 싶었다. 눈에 띄는 중요한 전시품들은 다음과 같았다.

훈민정음 해례본. 정인지외. (세종 28년 발표)
복제품. 진품은 간송미술관에 소장

월인석보 석가의 일대기 (1459년)
복제품. 진품은 홍천 수타사 소장

용비어천가. (1445년)
복제품. 진품은 해남 윤 씨 소장

두공부시언해. 유윤겸柳允謙 (1420년?)

오대산 상원사 중창 권선문 (세조 10년)
국보 292호(복사본)

대방광원각수다라예의경 언해. 조선 세조10년 (1465)
송석문 기증

어정시운御定詩韻 한글로 글을 지을 때 사용한 운자 사전
조선 헌종 2년(1846)

정음통석 한자의 말소리 사전. 조선 영조 11년(1787년)

효종의 한글 편지
추사의 한글 편지

유희의 부인 권 씨가 사위에게 보낸 한글 편지

현종의 편지

이 이외에도 많은 자료들이 전시되어 있다. 복제품도 있었지만 진본들도 많이 있었다. 내 생각으로는 국립중앙박물관이 한글관을 독립시켜 이렇게 해놓은 것은 참 잘한 일로 생각됐다. 그곳에 온 사람들 마다 한글에 대한 사랑과 자부심이 일어날 것이다.

천 마디 만 마디 '한글 사랑'을 외치는 것 보다 이에 더한 한글사랑을 보여주는 방법은 없다고 생각한다.

(2007)

꽃잠, 젖무리, 젖받침, 봄나래

지난해 12월 어느 날 TV의 퀴즈 프로를 보다가 '꽃잠' 이라는 낱말을 들었다. 신혼여행을 가서 첫날밤에 자는 잠이 바로 꽃잠 이라는 설명이었다. 그 말을 처음 듣고 참 표현이 참신하다고 생각해서 사전을 찾아보았다. 어느 사전에도 나와 있지 않았다. 내가 찾아본 사전은 다음과 같은 가장 권위 있는 큰 사전들이다.

국어대사전 제 3 수정판-영구보존 판 이희승편저 민중서관 2005년 1월 10일 수정

국립국어연구원 표준국어대사전 두산동아 2000년 3월 20일

기타 서울대학교나 연세대학교에서 내놓은 국어사전에도 이 낱말이 나와 있지 않았다.

우리말글쓰기 연관어대사전大辭典에도 없었다.

사람의 신체에서 젖꼭지 주변의 짙은 원 부분을 무엇이라고 표현할까? 근 30년 전에 노시인과 노작가가 대화하는 도중에 들었는데 사전에는 나와 있지 않았다. 소설가는 달무리에서 상상한 젖무리 라고 표현한 것 같고 시인은 꽃받침에서 따온 젖받침 이라고 표현했다. 둘 다 좋은 표현이라고 생각했다.

봄나래 라는 낱말도 없었다. '봄' 이라는 낱말에 날개라는 뜻의 '나래'를 합쳐서 만든 합성어가 아닌가 하는 생각이다.

봄나래가 홰를 치다.

이 표현이 맞는지 모르지만 근사하지 않는가. 꽃잠, 젖무리, 봄나래 등의 낱말은 시인이나 소설가가 만든 신 생어일 것이다. 그리고 무리가 없고 아름답다. 이 이외도 더 많은 아름다운 낱말이 만들어지고 있을 것이다.

어울참 이라는 낱말도 어디선가 들었다. 늦은 아침 겸 빠른 점심 이라는 뜻이라는데 역시 사전에 없다.

소설가나 시인은 낱말을 창조할 수 있는 사람들이다. 그러니 아름답고 참신한 말을 많이 만들어 내야한다. 그래야만 우리글이 발전할 수가 있다.

문제는 사전이 이러한 신 생어를 과감히 수용해서 실어야 한다. 그래야만 글을 쓸 때 안심하고 쓸 수 있는 것이 아닐까.

(2007)

제주도 우리말의 묘미
-민요와 오름

금년 봄에 제주도에 3박4일로 여행을 했다. 이번 제주도 여행에서 가장 큰 소득 중 하나는 제주도 우리말의 묘미를 발견한 점이다.

맨 처음 접한 말이 제주민요에서이다. 대표적인 제주민요의 한 구절을 살펴보자

이여싸나 이어도사나 이여도사나	이어도사나
요 넬 젓엉 / 어딜 가리	이 노를 저어서 어디를 가리
진도바당 / 한골로 가세	진도 바다 큰물로 가세
한착 손엔 / *테왁 심고	한 쪽 손에 테왁을 들고
한착 손엔 / *빗창 심어	한 쪽 손엔 갈고리 들어
한 질 두 질 / 들어간 보난	한 길 두 길 들어가 보니
저싱도가 / 분명허다	저승이 따로 없네
이여도사나 / 쳐라 쳐라	이어도사나 /저어라 저어라
한 목 지엉 / 어서나 가자	한 목 잡으러 어서나 가자
이여도사나	이어도사나
우리 어멍 / 날 날 적에	우리 엄마 날 낳을 적에
가시나무 / 몽고지에	가시나무 노 손잡이에
손에 궹이 / 박으라고 날 낳던가	손에 못이 박히라고 날 나셨나
이여도사나 힛 / 쳐라 쳐라	이어도사나 /저어라 저어라
한적 젓엉 / 앞을 사자	어서 저어서 앞으로 가자
이여도사나	이어도사나
가민 가고 / 말면 말지	가면 가고 말면 말지

초신을 신고 / 시집을 가리 힛
짚신신고 시집을 가랴

이여도사나 / 쳐라 쳐라
이어도사나 /저어라 저어라

잘도 헌다 / 이여도사나
잘도 한다 / 저어라 저어라

요 네 상척 / 부러지면
이 노가 부러지면

선흘곶디 / 곧은 남이 / 없을소냐
선흘 숲에 곧은 나무 없겠는가

요내 홀목 / 뿌러지면
내 손목이 부러지면

부산항구 / 철도병원 / 업을소냐
부산항에 철도병원 있으니까

요 벤드레 / 끊어지면
이 밧줄이 끊어지면

부산항구 / 남총천이 / 없일소냐
부산항에서 노끈을 사지

이여도사나 / 쳐라 쳐라
이어도사나 / 저어라 저어라

넘어야간다 / 이여도사나
잘도 넘어간다 / 이어도사나

요 물 아래 / 고동셍복 / 깔렷건마는
이 물 밑에 소라고둥 깔렸건만

성세 나빠 / 몬 하러라 히
형세가 나빠 못 들어간다

이여도사나 / 이여도사나
이어도사나 / 이어도사나

쳐라 쳐라 / 넘어야간다
저어라 저어라 파도를 넘어

(인터넷에서)

※ 테왁: 채집물을 담는 그물
※ 빗창: 전복등을 따는 기구

위의 민요에는 제주도의 토속어가 녹아있다. 옆에는 해설을 써놓아 이해하기 쉬웠다. 이여사나 이여도사나에 대한 해석은 '북제주의 노 젓는 소리' 라는 말이 정설인 것 같았다. 이어도는 '동경의 섬' 또는 '제주도의 별칭'으로 많이 쓰인다고 한다.

다음은 오름에서 제주말의 묘미를 발견했다. 우리가 처음 간 오름은 다랑쉬오름이었다. 오름은 일반적으로 기생화산 이라고 설명하고 있다. 오름을 높은 산봉우리라는 고구려어라고 설명한 학자도 있다. '다랑쉬'는 '다'는 달 '쉬'는 뫼라는 뜻인데 아무 뜻도 없는 '랑'이라는 말이 첨부, 다랑쉬 라고 됐다고 한다. 실제로 다랑쉬오름에 올라보면 분화구가 둥근 보름달처럼 생겼다.

다랑쉬오름을 한문 식 표기로는 월랑봉月朗峰 이라고 한다고 안내석案內石에 쓰여 있는 것을 보았다. 다랑쉬오름과 월랑봉을 비교해 보면 어느 쪽이 아름다운가는 자명해진다.

다랑쉬오름 바로 옆에 아끈다랑쉬오름이 있다. '아끈' 이란 말은 '버금가는 것', '둘째 것' 이란다. 높이가 다랑쉬오름에 비해 반 정도 밖에 되지 않는다.

아끈다랑쉬오름 남쪽으로 1km 지점에 용눈이오름이 있는데 '용이 누워있는 것과 같은 오름'이란 뜻이란다.

손지오름은 한라산의 '손자뻘 되는 오름'이라는 설과 '오름 가족 군락에서 손자뻘' 이라는 해석도 있다. 손지오름을 손자봉孫子峰 손지악孫枝岳 이라고도 부른다. 따래비오름은 '땅하래비' 라는 뜻이란다.

어머니오름에 해당하는 모지오름도 있다. 장자오름 새끼오름도 있다.

성산읍 삼달리에는 불우했던 사진작가 김영갑갤러리 두모악이 있다. '두모악'은 한라산의 다른 이름이다. 한라산이 다른 이름을 가지고 있다는 사실을 처음 알았다. 고문헌에는 한라산을 두무악, 두모악, 원산, 부악, 영주산瀛洲山이라고 표기해 놓았다. 한라산의 오름 표기는 두믜오름이다.

오름에 버금가는 낱말로는 곶자왈 이라는 낱말이 있다. '곶'은 큰 숲 '자왈'은 작은 숲을 의미한단다. 오름과 곶자왈이 제주도 지세를 표현하는 대표적인 낱말이다.

어느 읍을 통과할 때 현수막Banner에 '바당 도둑'이라는 글자가 보였다. '바당'은 바다란다. 흰쌀은 '고운 쌀'을 말한단다.

혜은희의 '감수광' 이라는 노래는 '가십니까' 이라는 뜻이며

'혼저옵서예'는 '어서 오세요' 란다.

제주관광안내도에는 오름에 해당하는 산을 여러 가지로 표기해놓아 흥미로웠다. 산, 봉, 악, 오름 등이 눈에 띄었다. 예를 들어보면-'산'은 산방산, 송악산, 마악산, 영주산, 고근산, 소록산, 대록산 등이며, '봉'은 손지봉 은월봉 남거봉 일출봉 등이 있다. 또 '악'은 논고악, 동수악, 거인악, 민악, 보리악, 이승악, 남송악, 원수악, 병악 조근대비악 등이 있다.

이 이외의 산들은 전부 오름으로 표기해놓았다. 300개가 넘는 산을 오름으로 표기해 놓은 것이다.

또 오름을 '미帽'자로 표현해 놓은 것도 있다. 비치미, 좌보미, 밧새미, 안새미, 거슨새미, 큰도리미 등으로도 표현해놓았다. '니'자로 표현해 놓기도 했다. 사려니가 그 예이다. '리'자로 표현하기도 했다. 골머리, 물장오리, 진물굼부리, 넙거리, 늡서리, 산굼부리, 용머리 등이다. 또 '이'자로도 표현해 놓았다. 노리손이, 보롬이, 검은덕이, 뒤굽은이, 궤펜이, 보름이, 돔박이, 아슴선이 등이다.

제주도 말의 다양성이 특징인 것 같다. 참 재미있는 표현이다.

오름에 대한 민요를 두어 수 적고 글을 맺는다.

① 큰 오름은 아방을 삼곡	큰 오름은 아버질 삼고
족은 오름은 어멍을 삼안	작은 오름은 어머닐 삼아
선게 먹을 근심안하곡	현씨 먹을 근심 않고
이내몸 살을 근심이라라	이내 몸 살 근심이더라

② ᄃᆞ리송당 큰애기덜은 교래송당 큰아기들은
피 방에 짐에 다 나가고 피방아 찧기에 다 나가고
청수닥ᄆᆞ를 큰애기덜은 청수저지 큰 아기들은
지름장시 다 나가고 기름 장사 다 나가고
죽성ᄀᆞ다시 큰애기덜은 〈죽성〉〈ᄀᆞ다시〉 큰아기들은
틀ᄃᆞ레 타레 다 나가고 산딸 다래 따러 다 나가고
조수 낙천 큰애기덜은 조수 낙천 큰 아기들은
석은 멜풀래 다 나가고 썩은 멸치 팔러 다 나가고

『한라산의 구비전승 지명 풍수』 좌혜경, 제주도 한라산 생태문화연구소 2006. 4. 5 p80~81

제주도 말의 묘미의 탐구는 끝이 없고 지금 활발히 연구되고 있어 좋은 성과가 있을 것을 확신한다. 제주어 사전도 곧 나온다는 반가운 소식이 있다.

(2007)

'한국어' 첫 국제 공식어로 채택

지난해 9월 28일 12시 뉴스에 " '한국어' 첫 국제 공식어로 채택되었다"는 뉴스를 보고 반가웠다. 한국어가 국제 특허협력조약에 최초로 국제특허공개어로 채택되었다는 보도였다. 지금까지는 영어와 프랑스어를 포함 8개 언어뿐이었으나 한국어와 포르투갈어가 채택되어 10개 언어로 되었다고 했다. 그날 스위스 제네바의 세계지식재산권기구WIPO 본회에서 공식어로 채택되었다고 했다. 회원국이 183개국이며 우리나라는 국제특허 신청을 4번째로 많이 하는 나라라고 덧붙였다.

한글날을 얼마 남겨놓지 않은 시기에 온 국민이 축하해야 마땅한 뉴스라고 생각했다. TV 뉴스라는 것이 일회성이라 지나가면 그만이라 자세히 알아보려고 이튿날 신문을 보았다. 그런데 이상하게도 기사화되지 않았다. 내가 보는 신문이 ㅇㅇ일보이다. 신문사에 문의했더니 '기사불만처'에 알아보라고 했다. 그곳 상담자는 WIPO가 별 영향력 없는 기구라 기사로 넣었다가 다른 기사로 바꾸었다는 것이었다. 어안이 벙벙했다. 정말로 WIPO가 그렇게도 영향력 없는 기구인가 싶어 인터넷을 찾았다.

'세계지식재산권기구는 1967년에 지식 재산권의 국제적 보호와 협력을 강화하기 위해 설립된 국제기구로 원명은 World Intellectual Property Organization 으로 지난 1974년 유엔 전문기구가 됐다'는 설명이었다. 유엔 전문 기구가 별거 아닌 기구라는 생각은 보통 사람과 다른가 보다.

어떤 기사로 바꾸었는지도 궁금했지만 차마 물어보지 못했다. 그 당시 기사라는 것이 변-신에 관한 것과 두 정당의 가망도 없는 대통령 후보 경선에 대한 기사가 판을 쳤다. 또 다른 기사는 대학의 서열 매기기였다.

회원이 183개 나라가 가입하고 있는 유엔기구가 별 영향력이 없다는 말도 이해가 가지 않고 우리의 모국어가 첫 국제공식어로 채택되었다는 것이 기사거리도 되지 않는다는 말은 설득력이 없었다. 도대체 그런 사고를 하는 사람의 두뇌구조는 어떻게 된 것인가 궁금했다. 신문기자라면 적어도 이 나라의 지식인이 아닌가?

KBS 홈 페이지를 찾아보았더니 그 기사가 있었다. 반가웠다. KBS와 쌍벽을 이루는 방송사의 홈페이지에 들어가 보았다. 그곳에는 없었다. 나는 신문에 대해서 잘 모른다. 그러나 이러한 기사는 상식이 아닐까. 이러니 언론의 문제점이 자꾸 지적되는 것이다. 그날 하루 종일 씁쓰레한 기분이었다.

며칠 전부터는 신문에 TV 프로가 나오지 않는다. 제일 먼저 떠오르는 생각이 방송국과 사이가 나쁘다더니 이 지경에 이르렀구나 하는 생각이 들었다. 알아보았더니 컴퓨터에 다 있고 그것을 보는 사람이 없다는 것이었다.

어처구니가 없었다. 그렇다면 뉴스가 컴퓨터에 다 있는데 신문은 무어하러 발행하는가.

TV는 볼거리가 없다. 스포츠는 케이블 TV에 다 빼앗기고 웃음도 안 나오는 개그와 고만고만한 연속극, 짜 맞춘 듯한 토론, 고위직들의 비리와 끔찍한 범죄 등. 신문도 TV를 따라가는 모양이다.

이 세상이 어디로 굴러가는지 모르겠다. 나라의 가장 어른은 물가에 앉혀놓은 어린애 같고 그를 부추기는 부채들은 나뭇잎처럼 많으니 말이다.

(2008)

전쟁기념관, 살인의 추억 등

서울의 삼각지에서 반포대교 쪽으로 가다보면 왼편으로「전쟁기념관」이라는 간판이 있다. 그곳은 주로 6.25전쟁의 참상을 홍보하는 자료관이라고 할 수 있다.

그곳을 지나칠 적마다 전쟁기념관 이라는 표현이 타당한 것인가 하는 의문이 생긴다. 기념관은 기념할 만한 것을 기념하고 싶을 때 해당하는 것이지 기억하고 싶지 않은 것을 기념하고 싶다는 말은 모순 같이 들린다.

6.25전쟁은 겪은 사람은 다 알고 있다. 전쟁치고 처참하지 않은 전쟁은 없겠지만 수백만의 인명 손실과 전국토가 초토화 되다시피 된 전쟁이었다. 백과사전 브리태니커(17)의 6.25전쟁 결과에는 다음과 같이 적고 있다.

> 전쟁은 3년 1개월간 계속되었으며 전쟁으로 인한 인명피해는 민간인을 포함하여 약 450만 명에 달한다. 그 가운데 남한의 인명피해는 민간인 약 100만 명을 포함한 약 200만 명이며, 공산진영의 인명 피해는 100만 명의 민간인을 포함하여 약 250만 명으로 추산되고 있다. 군인 전사자는 한국군이 22만 7,748명, 미군이 3만 3,629명, 기타 UN군이 3,194명이며 중국군은 약 90만 명, 북한군은 54만 명으로 추산되고 있다. 전쟁 기간 중 한국은 43%의 산업시설과 33%의 주택이 완전히 파괴되었다.
>
> (p.377)

천안에 있는 독립기념관은 어울린다. 독립이야 기념할 만한 것이 아닌가.

전쟁기념관이 어울리지 않는다면 무엇으로 바꾸는 것이 좋을까. 6.25전쟁관이 어떨까. 전쟁참상관도 그렇고 전쟁자료관도 그렇다면 기념이고 참상이고 자료를 다 빼버리고 6.25를 넣어서 6.25전쟁관이 어울린다.

6.25에 대한 명칭은 어느 것이 맞는가? 전쟁, 사변, 동란으로 표현하고 국제적으로는 Korean War(한국전쟁) 또는 Korean Civil War(한국내란 혹은 한국내전)라고 표현하고 있다. 백과사전에는 6.25전쟁으로 표현되어있다.

꽤 유명한 영화였던 『살인의 추억』은 어떤가. 살인을 어떻게 추억한단 말인가. 영화제목도 잘 지어야 될 것 같다.

전쟁 기념관, 살인의 추억은 우선 한문 냄새가 물신 풍긴다. 그것이 첫째 거부감을 준다. 그렇다고 순 한말글로 표현하기도 어렵다.

(2008)

노래 말과 영화의 대사에 스며드는 영어

대학에서 영어로 강의하자는 말이 있고 그렇게 하는 곳도 있다. 중국과 일본 대학에서도 그런 곳이 있단다. 그런 소식을 들을 때마다 왠지 서글픈 생각이 든다.

아마 그것은 영어에 대한 수요가 늘어나고 그에 따라 어학연수를 떠나는 사람은 해마다 증가하니, 어학연수도 유학도 못가는 학생들을 위한 방편일 것이다. 미국의 대학에서는 한글이 아닌 영어로 강의를 할 테니까 말이다.

요즈음 부쩍 노래 말과 영화의 대사, 신문기사에 영어가 무분별하게 녹아들고 있다. 무슨 뜻인지 잘 모르면서 젊은이들이 선호하고 있다. 나는 보수적인 성향이 짙은 사람이라 그런지 그렇게 좋게 보지 않는다. 그것은 어찌 보면 한글의 위기라고도 할 수 있다. 견고한 제방도 작은 개미구멍으로 붕괴되지 않는가.

참 우려스러운 생각이 든다. 이러다가....그럴 리는 만무하겠지만. 걱정이다. 대중문화라는 것이 무모하리만 큼 힘이 센 것을 우리는 잘 알고 있다.

지금까지 영어 사용은 세칭 지식인들이 대화중에 일상적으로 영어 단어를 섞어 쓰는 데에 지나지 않았다. 그러나 미국에서 태어난 이민 이삼세 중에서 영어를 구사하는 가수들이 생기면서 유행은 급물살을 탄 것 같다. 영화에서도 배우들이 영어로 대화를 하는 장면이 자주 나온다. 영화뿐 아니라 TV의 연속극에도 영어대사가 심심치 않게 나온다.

영어 문장이 노래 말이나 대사에 녹아들어가고 있다는 것은 보통의 문제가 아니다.

물론 팝송이 유행하기도 한 시절이 있었다. 그러나 팝송의 유행과 우리나라 노래 말과 영화에 영어 문장이 녹아 들어간다는 것은 근본부터 다르다.

혹시 외국어를 사용한다는 것이 커다란 능력으로 착각하는 것은 아닌지 모르겠다. 어쩌다 시낭송회 후 뒤풀이가 끝날 무렵 노래 부르는 시간이 되면 외국어로 노래를 부르는 시인이 가장 인기가 높다. 우리말을 사랑하는 시인들이 주축인 자리에서도 말이다. 몇 년 전에 이북에 가서 이북 노래를 부른 고위관리의 행위와 무엇이 다른가? 주변에는 자기 ㅇ구린 것은 모르는 사람이 너무 많이 있다.

새 정부가 영어교육정책을 혁신적으로 내 놓아서 시끄럽기도 했다. 글로벌 시대의 언어추위가 그렇다면 또 따라갈 수밖에 없는 노릇이기도 하다.

(2008)

「한국어를 기리는 노래」에 대한 이야기

내가 가입해서 활동하고 있는 공간시낭독회에서 2006년 7월 22일 제313회 시낭독회를 마로니에 공원에 있는 아르고미술관 제1전시실에서 가졌다. 그때 낭독 회는 건축가 김수근 선생 20주기 기념회에 찬조 출연인 셈이었다.

공간시낭독회는 1979년에 구상, 박희진, 성찬경 선생이 시작한 낭독회로 국내 최장수 시낭독회이고 외국에서도 이렇게 오랜 역사를 가진 낭독회가 없다고 한다. 이런 낭독회의 태동 때 김수근 선생의 건축 작품인 공간 이라는 건물에서 가졌으며 김 선생이 돌아가실 때까지 상당한 기간 장소를 제공해주셔서 인연을 갖고 있던 차 그쪽에서 시 낭독 요청이 있어서 응한 것이었다.

그래서 그런지 313회 소 시집에는 22명의 상임시인들의 좋은 시들이 수록되었다. 그 중에 박희진 선생의「한국어를 기리는 노래」가 실렸다. 그 시를 보았을 때 한말글사랑 회원들이 그 시를 보는 것이 좋을 것 같아 으뜸 일꾼인 조일남 시인에게 이야기했더니 좋으시다고 해서 책에 실리게 되었다.

박희진 선생에 대해서 잠깐 소개하고자한다. 박 선생님을 아시는 분들은 다 아시겠지만 또 매스컴을 타시는 분이 아니기 때문에 모르는 분들도 많이 있다.

1931년 경기도 연천 출신으로 고려대학 영문과를 졸업하고 1955년에 『문학예술』로 시단에 데뷔했고 결혼도 하지 않고 오로지 시를 위해서 사신 분으로『실내악室內樂』『청동시대靑銅時代』『미소微笑하는 침묵沈黙』『빛과 어둠의 사이』『서울의 하늘아래』『가슴속의 시냇물』『라일락 속의 연인戀人들』등

수많은 작품집을 남겼다. 특히 소나무를 좋아해 소나무에 대한 시를 많이 써서 소나무시인으로 불리기도 하고 일행시, 사행시도 많이 쓰셨다. 시 창작에 열정이 남다르신 분이다. 항상 정렬이 넘치신다.

선생에게 왜 한글을 기리는 노래가 아니고 한국어를 기리는 노래인가 질문을 했더니 한국어는 한글을 포함하며 그 넓이가 훨씬 넓다고 말했다.

박 선생님은 순수하게 한글만을 사랑하는 분은 아니시다. 한문도 사랑하는 분이시다. 전공이 영어라 그런지 언어에 대하여 개방적이다. 그럼, 길지만 전문을 소개하겠다.

1
한국의 시인은
한국어라는 소리를 내는 악기樂器

한국의 하늘, 한국의 바람
한국의 물에 씻기면 저절로
외마디 〈아아〉 라는
소리야 나지만
그 모음母音은
구천九泉의 깊이에서
치솟는 물소리 같기도 하고
문득 청아한
거문고 한가락 같기도 하지만

누가 타는 걸까
그 악기가스스로 도취해서
때로 절묘한 소리를 내는 때엔

2
만파萬波를 재우고
혜성彗星도 물리치는 신들린 언어
불꽃 튕기는 칼날의 언어
삼국을 통일시킨 화랑花郞의 언어
가장 슬기로운 영혼의 언어
구중九重의 잿더미를 꿰뚫고 남은 언어
순금의 언어, 무궁의 언어
춘향의 일편단심 사랑의 언어
심청을 안고 솟은 연꽃의 언어
죽음과 삶이 꼬리를 물고 도는
태극太極의 언어, 한국의 언어

3
물은 물속으로
피는 핏속으로 흘러서 끝이 없듯
한국의 언어, 한국의 정신
대대로 새롭게 속출하는
한국의 악기 통해
늘 끊임없는 광망을 뿜어 왔다

가장 혹독했던 역사의 시련
일제日帝의 마수魔手에
나라의 목숨이 눌리었던
암흑의 시절에도
(한국의 악기들은 모조리 줄이
끊기고 말았건만)
몇몇 악기들은

여전히 사무치게
아니 더욱 치열하게 소리를 내었거니
줄이 끊긴 다음에도 나는 소리
불멸의 소리

그 소리는
천년을 넘어 묵은
바닷속 왕릉王陵의 관棺을 흔들었고
다시 석굴암 대불大佛의 미간에서
광명을 뿜게 했다
산산이 조각나서
허공 중에 흩어졌던
〈조국〉의 이름을
되돌아오게 했다.

8. 15광복은
삼천만 동포가 시인이 되었던 날
〈아아〉 하는 모음의
빛뿜는 환호성을
삼천만 악기가 일제히 내었을 때
한국은 세계 속의
새 나라가 되었다

4
한국어여, 한국어여, 되찾은 모국어여
너로 말미암아 우리는 다시
진정한 한국인의 혼과 육체를 되찾게 되었다

너와 더불어 숨쉬자 콧구멍은
빛처럼 뚫려 맑아진 머릿속엔
영감靈感이 빗발치고 두 눈에 고인
눈물 속에 밝아오는 산, 구름, 바다,
하늘, 바위, 나무, 흐르는 물……
(진정 이 땅이 금수강산임을 알겠구나)
너를 발음하는 우리의 이빨에선
향기가 절로 일고 혀는 꿀이 된다.
꿀물에 젖은 입술은 앵두빛을 닮게 되고

모국어여, 모국어여, 되찾은 영광이여
반 만년 동해물에 씻긴 언어여
그러면서도 너에겐 아직
핏내도 남아 있고, 벌집처럼
총탄에 뚫리었던 악몽도 남아 있다.
게다가 바야흐로 세계의 온갖 찌꺼기들은
너의 신비로운 정화淨化의 힘을 바라
노도와 같이 이 땅에 몰려든다
하나 너의 그 엄청난 혼돈 속엔
크나큰 창조의 입김이 있음이여

5
오오 드높이 울려 퍼지거라
때가 이르거든 빛뿜는 한국어여
세계의 구석구석
불행과 상처가 있는 곳마다
가서 치유의 가락으로 스미거라
너는 이제 세계의 한국어가 되었기에

오늘날 이 땅의 뛰어난 악기들은
너로 말미암아 자신을 갖고
창조업創造業의 희열과 사랑과 자유를 누리나니
예부터 모든 이 땅의 신명난
악기들이 그랬듯이
스스로 도취해서
진실로 영묘한 가락을 울릴 때의
악기는 이미 악기가 아니라
차라리 신기神器이라

태극太極의 언어, 신령神靈한 언어
너로 말미암아 이 나라 이 겨레의
과거와 현재와 미래는 하나!
시간 속에 태어나도
너는 시간을 초월하는 까닭이다
늘 끊임없는 혁신革新을 통해
새롭게 태어나는 불사신不死身인 까닭이다

자랑스럽구나
너를 가진 기쁨이여
너 한국어, 구원의 믿음이여
티 하나 묻지 못할
금강金剛의 언어여!

너 한국어, 무한한 가능성
풍요하고도 휘황한 미래여!

이 시를 인용하면서 생각해보니 박선생님이야말로 진정 한말글을 사랑한 참 시인이 아닌가 하는 생각에 머리가 저절로 숙여졌다.

(2008 미발표)

한문정책의 난맥상

그 동안 우리의 한문정책은 난맥상이었다. 한문 전체 폐지, 일부 부활을 자주 되풀이 하였다. 그래서 골탕 먹은 것은 국민뿐이었다.

일본 여행을 한 일이 있다. 나처럼 일본어를 전혀 모르는 사람에게도 한문 때문에 덕을 본 일이 있다. 도로표시판에 쓰여 있는 것을 대충 알 수 있었다. 한문 문화권에서는 이래서 한문을 배워야 되겠다는 생각이 들었다.

서양은 어떤가. 서양의 언어는 대부분 라틴어에서 왔기 때문에 유사성이 있어 이웃나라 언어를 배우기가 쉽다고 한다. 그런데 동양의 말은 전혀 그렇지가 않다. 이것이 동양문화의 발전에 큰 걸림돌이 되고 있다. 다행히도 문자는 한문이라는 글자의 공통점을 갖고 있다. 그래서 동양 문화권에서는 한문의 중요성을 배제할 수가 없다. 그렇다고 한글을 배격하자는 말은 결단코 아니다. 지식인 이라면 어느 정도의 한문은 알아야 된다는 것이다.

광복 후에 초등학교에 들어간 사람들은 일본어는 물론 한자도 모른다. 자기가 독학을 하지 않은 사람은 알 턱이 없다. 일본어를 독학한다는 것도 사회분위기상 어려운 시기이었다. 우리의 초중등학교 시절은 일본하면 무조건 두드러기가 일어나던 시기였으니까. 일본말을 공부한다는 것은 생각할 수조차 없는 일이었다. 중국은 공산주의라 한문을 공부하면 안 되고 35년 동안 일본은 원수 국가라 안 되어서 우리는 고립되었다.

위정자들과 한글 국수주의자들은 분위기에 편승해서 지피지기는 백전백승 이라는 손자병법의 초보도 모르는 오류를 범하고 말은 것이다.

언어에 대해서 콧대 높기로 세계적으로 유명한 프랑스인들이 이제는 영어를 쓰기로 했다는 기사를 읽은 기억이 났다. 프랑스어의 우수성과 문학작품은 세계적인 수준이지만 프랑스어는 세계에서 가장 영향을 미치는 언어 중 영어에는 물론 스페인어, 독일어 다음 4번 째 언어가 돼있는 현실이다.

세계가 지금과 같은 판도로 나간다면 영어의 위력은 더해가고 우리나라의 어학연수 여행, 어학연수 유학은 더욱더 기승을 부릴 것이 뻔하다.

요즈음은 미국에서 중국어를 모르면 살아남기 어렵다는 말이 있어 중국어 공부에 열을 올린다고 한다. 재미있는 현상이다.

(2009미발표)

제 2 부 흥미로운 언어의 일치

미국에서의 정겨운 한국말

'애국자가 되려면 외국에 가봐라' 라는 말이 있다. 내가 그 말을 뼈저리게 경험한 일이 작년에 일어났다. 미국에서의 6개월 동안 생활하면서 느낀 감정이다. 들리지도 않는 영어가 사방에서 난무하는 중에 듣는 한국말 한 마디가 그렇게 소중할 수가 없었다.

그래서 그 소리를 들으러 한국 마트에 가서 쌀을 사다가 된장국을 끓이고 밥을 지어 식사를 했다. 김치도 사서 먹고 한국식당을 찾았다. 애리조나의 주도 피닉스에는 한국식당이 서너 곳 있었으나 우리는 주로 호돌이 식당에 갔다. '88올림픽 때의 로고logo가 호돌'이라 그 추억이 회상되었기 때문이기도 하고, 왠지 모르게 주인부부의 훈훈한 인간미에 끌려서 그 음식점에 자주 갔다.

싼 음식으로는 된장찌개와 순두부찌개 백반이 있고 고급 음식은 불고기와 은대구 찜이 있었다. 손님을 대접할 때는 비싼 음식을 먹고 우리가 식사 대신으로 먹을 때는 싼 음식을 먹었다. 외국인들도 가끔 들려 식사를 했다. 김치도 먹을 수 있었다.

종교를 갖지 않은 내가, 교회도 난생 처음으로 나가 보았다. 조그마한 한인 개척교회이었다. 이민동포들이 주로이지만 의외로 유학 온 젊은이들도 많았다. 백인이나 흑인, 인디언들은 한 사람도 없는 한국인들만이 신자인 교회이었다. 그래서 교회에서는 모든 것을 한국말로 했다. 한국에 있는 교회와 똑 같았다.

설교도 한국말로 했다. 목사의 설교가 그렇게 좋을 수가 없었다. 그 교회 목사는 책을 많이 읽고 설교준비를 철저히 하고 설교를 열심히 해서 하나도 지루하지 않았다. 솔직히 말해서 그 교회에 나간 것은 한국 사람이 보고 싶고, 한국말이 듣고 싶어서였다. 내가 피닉스에 있는 동안 여러 가지로 신세를 졌다.

교인들 중에 등산을 좋아하는 사람이 몇 있어 일주일에 한 번씩 만나 등산을 했다.

등산 멤버는 등산의 리더이고 젊고 명랑한 정하나 씨, 남편이 모 대학 교수 부인이며 음식을 잘 만드는 한수정 씨, 목사부부와 우리 둘이었다. 목사부부는 바쁜 일정이라 빠질 때가 더러 있었다. 하나 씨는 오래 동안 피닉스에 살았고 아이들의 공부관계로 주말부부라 우리는 주중에 만났다. 말은 안하지만 남편이 고위직에 있는 것 같았다.

우리가 주로 간 곳은 케멀백camel-back, 피닉스마운틴Phoenix Mountain, 스쿠어르 피크Squaw Peak, 사우스 마운틴South Mountain 등 험준한 산이었다. 사막지대인 피닉스에는 완만한 산은 하나도 없었다. 전부가 바위투성이의 악산이었다.

케멀백은 낙타 등 같이 생긴 산으로 우리가 가장 많이 간 산 이었는데, 올라가 보면 그 산이 명산임을 알 수 있고 도시가 그 산을 중심으로 조성되어 있는 것 같고, 근처는 부자들의 집이 즐비했다. 시민들이 제일 좋아하는 산이었다. 왠지 서울의 남산 같다는 생각이 들었다. 생김새는 영 딴판이지만 도시의 가운데에 있다는 공통점이 있었다. 다른 산들도 케멀백 못지않게 명산이었다.

그 산들이 경치도 좋았지만 만나서 커피를 들면서 나누는 한국말은 참 정겨운 것이었다. 같이 등산했던 이들이 가끔 생각난다.

마음 같아서는 당장 달려가서 그들과 정다운 이야기를 나누고 싶다.

우리말은 어느 나라 말보다 은근하며 감성적이다. 문학하기에 가장 좋은 언어가 한글이라고 생각한다. 그래서 한국은 문학하는 사람이 세계에서 가장 많은 나라인가보다.

(2009)

흥미로운 언어의 일치
-인디언 원주민 언어와 한글

식민지를 경영할 때 그 나라의 언어를 말살하는 것은 일반적인 정책이다. 당하는 쪽에서야 이를 갈지만 지배국은 필수적인 코스로 알고 있는 것 같다. 언어의 말살이야말로 식민지 사람들의 혼을 빼앗고 바보로 만드는 지름길이기 때문이다.

일본의 강점 하에서 우리는 뼈저리게 그런 현실을 경험했다. 한글을 사수하려다 많은 애국지사들이 옥고를 치루고 목숨을 빼앗기기까지 한 것을 우리는 잘 알고 있다.

그렇게 해서 우리는 한글을 사수할 수 있었다. 세계적으로 볼 때 독립을 했으면서도 자기나라의 언어를 버리고 영어나 스페인어를 통상어로 사용하는 국가가 얼마나 많은가.

우리나라가 지금 한글을 사용하고 있는 것은 조상들의 업적이므로 긍지로 알아야할 것이다. 그만큼 우리는 혼이 있는 국가이다.

북·중·남미의 원주민들도 지금은 그들의 언어가 아닌 외국어를 통용어로 사용하고 있다. 그들의 언어가 있기는 있지만 사라져가는 위기에 놓여있다.

인디언이나 인디오들이 원주민인 아메리카 대륙은 유럽 열강이 16세기부터 일찌감치 식민지화 했던 곳이다. 그래서 아직도 지명이나 여러가지 기념물에 지배국들의 언어 잔재가 남아있고 영어나 스페인어가 공용어로 되어있다.

400년이란 긴 기간 외국의 지배를 받았기 때문에 인디언들이나 인디오들이 그나마 자신들 부족의 언어를 가지고 있다는 것이 놀랄만하다.

아즈텍인들이 사용한 고어 '나와들어'가 우리말의 고어와 어순과 문장의 구조적, 형태론적인 면이 정확히 일치하며. 발음까지 맞는다고 주장하는 학자가 있다.

바로 배재대 손성태 교수이다. 손교수의 주장을 간추려 옮겨본다.

1689년 미국 LA에서 발간된 아즈텍인들의 '나와들어'에 대한 연구문헌인 'Arte de la lengua mexicana'를 보면, 15c 혹은 그 이전 우리말 고어의 특징에 대해 말한다고 할 정도로 정확하게 우리말과 일치하는 많은 설명이 쏟아져 나오고, 그 내용도 매우 체계적으로 우리말 고어를 설명하는 것 같다.

예를 들어 순경음 비읍(ㅸ), 15c까지 우리말에 존재했던 세 가지 억양, 현재까지도 쓰이는 우리말 복수형 어미 (~들, ~떼), 우리 고어로 땅을 의미하는 '달'등이 나와들어에서 그대로 사용되었다. 단어뿐만이 아니라 '내 지이 /ne chii/ =내 집', '내 곶 /ne kotz'i'j/ = 내 꽃(이)' /my flower/' 등과 같이, 단어 및 구가 같다.

또 "나 나아 트홋타(발음) /ni' naa tihota.(나와들어) /나 나를 다쳤다(우리말)/ I REFL hurt / I hurt myself (영어해석);

야히있다(발음)/ ŋahi-'ta (나와들어)/ 약이 있다(우리말)/ have medicine (영어 해석)"의 예에서 알 수 있듯이 문장도 같은 것이 많다

더구나 우리 민족의 노래인 '아리랑' 후렴구인 '아리 아리랑 아리 아리랑 아라리가 났네'의 뜻이 아직까지 정확하게 밝혀 지지 않고 있는데, 이는 삼국시대 우리말이 한자어로 대체되면서 순수 우리말이 대부분 상실되었기 때문이다. 그런데, 흥미로운 점은 나와들어에서 아리랑의 가사에 사용된 말을 미국학자가 해석한 바에 따르면,

『'alarigá' 아라리가=thus/그렇게 해서, 이렇게 해서』로,

『'ari' 아리=now/지금』로 풀이 됐으며,
'났네'는 '이겼다'를 의미하는데, 명절날 윷놀이와 같은 전통 놀이에서 이겼을 때 '났다'하고 환호하는 것을 볼 때,
아리랑 가사의 뜻은 '지금 아리랑 지금 아리랑 그렇게 해서 이겼네'라고 해석될 수밖에 없다는 것이다.

(inter net '인디언 원주민 언어 우리말 일치'에서)

자세히 읽어보면 그런 주장을 할만하다. 이런 주장이 얼마나 타당성이 있는지는 학자들이 규명해야할 문제이나 매우 놀라운 현상이다. 우리는 이 흥미로운 언어의 일치를 관심 있게 봐야할 것이다.

(2009)

피닉스Phoenix의 한글 큰잔치

피닉스는 애리조나 주의 주도이다. 사막에 있는 도시지만 미국에서 대여섯 번째 되는 큰 도시이다. 인구가 2008년도 지도에 1.461.575명으로 나와 있다. 한국교포는 약 2만 명 정도가 이 도시에서 산다고 한다.

한국교포가 가장 많이 사는 곳으로 알려진 LA에서는 교포가 100만 명이라니 비교가 되지 않는다. 그런데 요즈음은 LA에서 사는 교포들이 피닉스로 옮겨오고 있는 추세이다.

피닉스는 부자들의 겨울별장이 많은 곳이다. 추운 북부에 사는 노인들이 정년을 하고 이곳으로 몰려온다. 가장 큰 이유는 피닉스가 아열대기후라 신경통이 감쪽같이 낫는다고 한다.

지난해, 한글날이 한참 지난 11월에 애리조나 주 피닉스에서 한글 큰

잔치가 열렸다. 물론 나는 그곳에 가보지는 못했다. 한국인이 운영하는 마트에서 공짜로 얻은 한인 신문에서 그 기사를 보고, 며칠이 지난 후에야 그 사실을 알 수 있었다.

교포가 얼마 살지 않은 이런 데서도 한글 큰잔치를 하는구나! (우리민족은 역시 훌륭하다) 하는 생각으로 가슴이 벅찼다 .

한글 큰잔치는 백일장과 웅변대회, 한글 유공자 표창으로 구성되어있었다. 백일장은 중등부, 고등부, 일반부 이었다.

이역만리 타국에 와서 먹고살기도 바쁠 터인데 모국어를 잊지 않고 자라나는 청소년들에게 한글 큰잔치를 열어 한글을 선양하는 것을 보고 감동을 받았다.

한국인 이민 이 삼세들은 한글을 모르는 사람이 많다고 한다. 이민생활의 고달픔과 시간적 여유가 없어 가르치지 못한 부모의 책임이 일차적이겠지만 마땅한 교육기관이 없는 것 같기도 했다. 또한 미국에서 살아야할 이민 2, 3세에게 한글보다는 영어의 중요성을 알기 때문에 일어나는 현상이기도 했다.

나는 그 기사를 읽고 『한말글 사랑』 5권을 미국에 보내달라고 해서 그 책을 피닉스 한글학회에 보냈고 한말글사랑 한밭모임과 자매결연을 맺어 한글선양을 하는 것도 좋겠다고, 혼자 생각해서 그 학회의 일원이며 교회에 나오는 이에게 책을 주고 의향을 물어달라고 했으나 아무 반응이 없었다.

내가 보낸 책을 잘 받았다는 기별조차 없었다. 웬만한 사람이라면 책을 받고 고맙다는 전화 정도는 할 법한데 캄캄 무소식이었다.

그 학회가 제대로 운영되지 않는 학회 같다는 생각이 문득 들었다. 이름뿐인 학회라면 무슨 소용이 있을 것인가? 처음 받은 감격이 서서히 식어갔다.

무슨 일을 하던 시작도 중요하지만 과정도 중요하고 끝맺음도 중요한 것이다. 그렇게 하기 위해서는 적어도 그 조직을 끌고나갈 열성적인 두세 명의 인물이 필요한데, 그곳에는 그런 사람이 없는 것 같아 안쓰러웠다.

한편 생각하면 내 생각이 무리이며 자기 본위적인 것 같았다. 어려운 이민생활에서 시간도 돈도 문제일 것이다. 그런 그들에게 아무런 도움도 주지 못하는 내가 한글학회를 잘 운영하라고 하기는 너무 뻔뻔스러웠다.

(2009)

사라져가는 언어

하이데거는 '언어는 존재의 집' 이라고 했는데, '7 0 0 0여개의 현존하는 전 세계 언어 중 절반은 2100년까지 사멸할 처지에 놓였다고 워싱턴 포스트WP가 1 6일 보도 했다'는 신문기사(중앙일보 2009. 3. 17)에 정신이 번쩍 들었다.

대부분의 언어학자들은 소수민족의 언어도 보존할 가치가 있다고 말한다.

언어야 말로 문화의 총 본산 이며, 언어 속에 인간의 삶의 모든 것이 들어있다고 해도 과언이 아니다. 그런 언어가 소리 없이 사라진다는 것은 세계의 일부가 붕괴된다는 것과 같은 이치이다.

언어가 사라지는 그 '원인이 공용어에 밀리고 영어에 또 치이고' 이란다.

어느 나라든 정부는 표준말 정책을 사용하고 있다. 일견 최선의 방법 같은 이 정책이 실은 언어를 죽이는 가장 큰 원인이라니 어안이 벙벙해진다. 우리는 지금까지 바보짓을 해왔단 말인가?

그래서 요즈음 부쩍 사투리의 중요성을 강조하는 것 같다. 사투리를 살리자는 학자들이 등장하고 사투리 사전도 나오고 있다. 학문도 유행을 따르는 모양이다.

사실 우리는 8도의 질박하면서 정겨운 사투리의 울림을 너무나 잘 알고 있다. 그래서 방송극에서는 사투리가 단골메뉴로 되어있다. 다만 이북 사투리가 점점 줄어들고 있고 소멸해 가는 형편이라 안타깝다.

그런데 웃기는 것이 경상도 대통령이 나오면 경상도 사투리가 판을 치고 전라도 대통령이 나오면 전라도 사투리가 판을 친다.

방송의 아부 현상이다. 청와대에서 그렇게 하라고, 하지는 않았을 것이다.

또 영어 때문이라니? 위기를 느끼지 않을 수 없다. 우리나라처럼 영어를 열심히 시키고 어학연수를 떠나는 인구가 폭발적으로 증가하는 나라가 지구상에는 없기 때문이다.

사실 영어뿐 아니라 식민정책을 쓴 나라치고 식민지의 언어를 말살하려고 하지 않은 나라는 없다. 동남아나 중남미는 영어나 스페인어가 주로 쓰이고 있지 않는가. 그곳에 사는 원주민들도 공용어인 만큼 그 말을 쓰지 않을 수가 없었을 것이다.

언어가 사라진다는 것은 종의 멸종과는 전혀 다른 것이다. 언어가 사라진다는 것은 하나의 문화가 없어지고 하나의 세계가 사라지는 것이기 때문이다.

소수민족의 언어까지도 보존해야하는 것은 세계는 다양해야 하기 때문이며 조화를 이루어야한다. 언어에는 그 나라 특유의 문화가 있고 민족혼이 있기 때문이다.

(2011)

픽토그라피Pictography와 언어

미국은 역사가 짧아 문화재가 별로 없다. 특히 서남부는 사막이라는 커다란 장벽 때문에 더 한 것 같다.

역사적인 유물이라야 미국 원주민들이 남겨놓은 유적지나 암각화가 고작이다.

그리고 독립전쟁과 남북전쟁의 격렬했던 요새지가 대부분이다.

우리나라처럼 유명한 사찰이 있는 것도 아니다.

교회 건물이라야 영국과 스페인이 들어와서 세운 건물들이다. 그러나 종교가 이 나라에 뿌리박기에는 원어민들의 종교와의 갈등을 극복해야 하는데 그게 쉽지가 않았다.

적어도 천 년 전의 문화재를 내놓으라면 인디언 문화를 이야기 할 수밖에 없는데, 미국인들이 자랑하는 것이 록 아트이다. 그런데 미국의 주류를 이루는 백인들의 것이 아니라는데 문제가 있다. 그래서 미국이 지향하는 것이 미국은 다 인종의 국가라는 점이다. 그래야만 원주민들의 문화를 미국의 것으로 만들 수 있다. 그 점은 현명한 판단이다.

록 아트는 패트로그라피Petroglyph와 픽토그라피Pictography로 나누는데 언어 그대로 패트로그라피는 암각화이고 픽토그라피는 그림문자이다.

그림문자나 암각화가 미국의 서남부지역에서 특히 많은 것은 인디언들이 많이 살던 곳이기 때문이며 사막이라는 지역의 특성 때문이다.

록 아트는 아직은 수수께끼의 언어이며 비밀의 언어이다. 그것을 뒷받침 해서 연구할만한 자료가 하나도 없다는 것이다.

이런 암각화는 바위 표면에만 있는 것이 아니고 인디언들이 자랑하는 도자기나 직물류에서도 많이 나타난다. 그래서 연구의 영역이 넓혀지고 있다.

우리나라는 울산에 희귀한 픽토그라피가 있는 것으로 알고 있다.

(2009)

외손자들의 한글 깨우치기

딸이 아들보다 먼저 결혼을 하고 아이들을 낳았다. 둘 다 고추이다. 두 살 터울이다. 오랜만에 경험한 생명의 탄생 그렇게 예쁠 수가 없었다. 외손자가 둘 생긴 것은 하늘의 선물이라고 생각했다. 방실방실 웃는 웃음 통통하게 살찐 볼기짝, 앙증맞은 손과 발, 티 없이 맑은 눈. 신기하지 않은 것이 하나도 없었다.

아들딸을 키울 때 느껴보지 못한 감정이었다.

아이들은 딸 사위와 주위 사람들의 사랑으로 무럭무럭 자랐다. 유년기를 지나 어린이가 되면서 유치원에 가야했고 초등학교에도 가야했다.

한글과 숫자를 배워야했다.

해방과 6.25를 겪은 우리 세대는 한글과 숫자는 초등학교에 가서 깨우치는 것이 정설이었다. 그 전에는 구경도 못했다. 공부야 학교에 가서 배우는 것이지 집에서 배우는 것은 아니라고 생각했다. 그런데 지금은 그렇지가 않다. 초등학교에 들어가기 전에 거의 전부 한글과 숫자를 깨우치고 초등학교에 들어간다. 그러니 초등학교도 들어가기 전에 학원에 가고 어린이 집이나 유치원에서 한글을 가르친다.

요전에 TV에서는 잘 노는 아이들이 대성한다는 프로가 있었다. 그런데 젊은 부모들은 아이들이 노는 꼴은 못 본다. 아이들이 갖고 있는 잠재성을 말살하는 것은 아닌지 퍽 염려된다.

우리 외손자들은 딸이 선생이 되었다. 엄마만한 선생은 이 세상에 없다. 위대한 인물 뒤에는 반듯이 위대한 어머니가 있음을 우리는 흔하게 본다. 딸은 사범대학을 졸업한 전업주부이니 안성맞춤이다.

그 당시 나는 퇴직 전이고 사위의 직장이 인천이라 외손자들이 어떻게 한글을 깨우쳤는지 잘 알 수는 없었지만 가끔 딸의 집에 들르면 집안이 온통 한글과 숫자로 도배를 해놓았다. 그 중에도 냉장고의 문짝이 가장 많은 짐을 지고 있었다.

또 영어의 교육도 개을리 하지 않았다. 벽과 화장실과 부엌과 아이들의 공부방에 영어단어를 잔뜩 붙여놓았다. 영어야 우리세대는 중학교에 들어가서야 배웠는데 초등학교도 들어가기 전부터 가르치고 배운다.

평생을 영어교사로 살아온 나의 경험에 의하면 영어교육은 초기교육이 승패를 좌우한다. 그래야만 영어를 모국어처럼 사용할 수가 있다.

젊은 엄마들이 이 점을 모를 리가 없다.

어릴 때는 누구나 천재라고 했던가. 스펀지에 물이 스며들듯이 놀라운 스피드로 한글과 숫자, 연산을 터득했다. 큰 외손자가 빨리 한글과 숫자, 연산을 터득하니까, 옆에서 보기만 하던 둘째도 자연스럽게 기초를 터득하는 것 같았다.

작은 외손자는 큰 외손자에 비해서 몸이 약하다. 그 점이 늘 안쓰러웠다.

집안에는 어린이 도서가 늘어만 갔고 장난감이 레고로 바뀌었다. 레고의 값이 보통이 아니었다. 50만 원 이상인 것도 있었다.

레고는 수학과 과학의 머리를 발전시키는 채찍이 된다. 그 덕택인지 수학과 과학을 잘 한다.

딸의 교육의 보람이 있었던지 외손자들은 둘 다 과학영재로 공부하고 있다.

(2013)

친손자의 한글 터득

아들이 늦은 나이에 손자를 낳았다. 손자를 처음 만나러 가던 날 가슴이 몹시 울렁거렸다.

나는 다음과 같은 시를 썼다.

마음이 떨린다.

손자를 만나러 가는데
마음이 왜 이렇게 떨리는지 모르겠다.

삼복의 더위인데
정장에 넥타이까지 맸다.
첫 손자와의 첫 만남이니까
예를 갖추어야한다.

나만 떠는 것이 아니고
은행나무 잎도 떨고 있다.
신록의 은행잎에 쏟아지는 햇빛도 떨고 있다.
동방 박사들도 아마 별빛이 떠는 것을 보았을 것이다.

갓 태어난 손자의 얼굴에
아버지의 생시의 모습
자애로운 어머니
나는 그만 무릎을 꿇는다.

얼마나 좋아들 하실까.
눈물이 난다.
기뻐도 눈물이 난단다.
눈물을 혀로 핥아본다.

나를 보수적이라고 나무랄지 모르지만 대를 잇는다는 것은 왕족이 아니라도 거사임에 틀림없다. 이렇게 손자를 낳아준 며느리가 정말 예뻤다.

이것은 인간의 수명이 한정적이라 그런 것이 아닌가 하는 생각이다.

손자도 유아기를 지나 어린이 집을 경유하고 유치원에 입학하고 졸업했다. 이제는 초등학교 2학년이다.

아들과 며느리는 아이에게 올인 하는 것 같았다. 우선 장난감을 참 많이도 사주었다. 한글과 숫자를 가르치는 방법은 딸과 사위의 방법과 비슷하지만 좋은 사립 유치원에 넣었다. 영부인의 외손자가 다니는 유치원이라 그런지 글자를 가르치지 않고 인간성과 사회성을 주로 가르치는 곳이었다. 영부인의 덕분에 손자 놈은 청와대를 방문했다. 나도 지애비도 청와대 문턱에도 가보지 못했다.

친손자가 한글을 터득하는 과정은 외손자 때보다 더 가까이서 자세히 지켜보았다.

손자가 입학한 초등학교도 사립초등학교는 아니지만 내놓아라하는 반포에 있는 공립 초등학교이다. 읽기야 잘 하지만 문제는 받아쓰기가 어렵다. 띄어쓰기뿐 아니라 어려운 받아쓰기는 내가 봐도 아리송하다.

집에서 숙제로 3번 써보고 학교에 가서 시험을 본다. 숙제를 잘 해가는 날은 시험을 잘 보고 아침잠이 많아 숙제를 못하는 날은 틀리는 것이 나올 수밖에 없다. 그래도 어린애의 머리니까 가능하리라 짐작이 간다.

이렇게 한글을 터득하는 것을 보니 귀엽고 귀엽다.

아들과 며느리는 영어교육에도 많은 투자와 노력을 하고 있다. 유치원부터 캐나다 문화원과 원어민이 가르치는 영어학원에 다니게 했다. 그런 보람이 있어 간단한 영어 말은 곧 잘 한다. 영어도 받아쓰기가 어렵다.

눈에 넣어도 아프지 않을 손자가 공부하는 모습이 안쓰럽다.

(2013)

친 손녀의 한글 깨우치기

며느리가 친 손녀를 낳았다. 맏이로 아들을 낳았으니 딸을 낳기를 원하던 참에 얼마나 다행인가. 요즈음 세태로는 이상적인 가정이다.

귀여움을 독차지할 수밖에 없다. 친 오빠, 사촌 오빠들이 무지하게 좋아한다. 거리관계로 사촌들과는 자주 만나지 못하는 것이 안쓰럽다. 귀엽고 귀여운 것이 눈에 넣어도 안 아플 것 같다.

손녀를 낳은 것은 10월이었다. 오곡이 무르익는 풍요의 계절이었다. 손녀의 이름은 서린이다. 우리는 그냥 '린' 이라고 부른다.

준이와 린이는 사이가 좋다. 린이가 오빠를 잘 따른다. 사람을 좋아하는 준이는 동생을 사랑한다. 둘 중 하나가 안 보이면 잘 놀지 않는다. 린이는 여자 애라 그런지 모든 것이 빠르다. 말의 습득도 참 빨랐다. 어디서 그런 말이 나오는지 모를 정도이었다.

린이도 유아기를 거쳐 준이처럼 유치원에 들어갔다. 사립고급 유치원이었다. 내놓아라하는 재벌의 후손들이 입학을 했다.

그곳도 준이의 유치원과 같이 인간성과 사회성을 주로 기르는 유치원이었다.

일전에 며느리에게 전화가 왔다. 린이가 EBS 방송에 나온단다. 보라는 것이었다. 린이 유치원 아이들이 출연한단다. 반가운 일이었다. 시간이 되어 TV를 켰다. 정말로 린이의 앙증맞은 모습이 잠깐이지만 나왔다. 참 반가웠다.

한글과 숫자의 터득은 부모의 몫이었다. 가정에서의 학습은 한 살 터울인지라 같이 되었다. 린이는 별 신경을 쓰지 않아도 잘 했다.

린이도 아파트 바로 옆에 있는 준이 학교에 넣었다.

가정교육이 철저한 가정의 아이들이 대부분이라 그런지 한글과 숫자의 터득은 다 해온다는 것이었다. 영어도 말을 하는 아이들이 많단다.

아이들이 말하기와 읽기는 잘 하는데 쓰기가 문제이다. 받아쓰기는 쉬운 것이 아니다. 짓기도 그렇다. 초등학교 1-2학년 때 쓰기와 짓기를 가르친다.

린이도 준이와 같이 캐나다문화원과 영어학원에 다녔다.

처음은 원어민 교사와 적응이 잘 안 되었다.

하긴 공부는 끝이 없다. 이제 시작이다. 아이들이 한글을 터득해가는 것을 보면서 우리 한글이 쉬워서 그렇게 잘 터득하는 것 같기도 했다.

그러나 우리 한글은 그렇게 쉬운 언어는 아니다. 철저한 교육이 필요하다.

(2013)

제 3 부 세계화 시대에 있어서 해외교포 한글 교육의 현황

문체부의 국민통합 기여하는 국어정책

박근혜 정부의 문체부가 '국민통합 기여하는 국어정책'을 발표한 바 있다.

2013년 국어정책의 내용은, 세부 추진 전략 4개와 과제 14개를 다음과 같이 추진하겠다고 했다.

* 올바른 공공언어 사용 환경 조성
  공공기관 언어에 대한 '상시 관찰·권고' 강화,
  쉽고 올바른 공공언어 사용 기반 강화,
  찾아가는 국어문화학교 활성화,
  성명 로마자 표기('성 이름' 순서) 권장 안 범정부적 시행

* 국어책임관·국어문화원 운영 활성화
  국어책임관 제도 활성화,
  국어기본법에 따른 지방자치단체 국어 조례 제정 활성화,
  국어문화원을 지역 국어문화운동의 거점으로 육성

* 국민 참여를 통한 개방형 국어정책
  사용자 참여 방식의 개방형 대사전 구축·운영,
  국어 소외 계층의 언어 능력 향상 지원 및 수화기본법 제정
  공공물 외국어 번역 표준화(표지판, 한식명 등)

* 한글·한국어를 통한 한국문화의 전략적 확산
  한글날과 한글주간을 세계인의 문화 축제로 발전,
  세종학당의 전략적 확대 및 교육 전문화,

기업 후원(한국어 메세나)을 통한 한국어 기반 강화,
구글을 활용한 한국어·한국문화 명사 특강

잘 계획한 국어정책으로 생각하며 실천 가능성에 심혈을 기우린 점이 엿보인다. 추상적이기 보다는 구체적이고 실행가능성이 있는 계획이 계획의 기본이다.

올바른 공공언어 사용 환경 조성-수많은 분야에서 왜색을 벗어나지 못한 어휘들이 수두룩해서 이를 쉽고 올바른 우리말로 바꾸는 것이 선결문제가 아닐까 하는 생각이다.

국어책임관 국어문화원 운영 활성화-군립 하는 국어책임관보다는 동지적인 차원의 책임관이 더 필요.

국민 참여를 통한 개방형 국어정책-책임자는 있어야하지만 위에서 지도하거나 이끌기보다는 아래서부터 싹터서 움직이도록 분위기를 조성하는 점이 선행되어야한다.

한글 한국어를 통한 한국문화의 전략적 확산-외국여행을 해서 박물관에 가본 사람은 알 것이다. 중국 일본에 비해서 우리나라의 문화유산은 거의 소개되지 않았다. 한글의 우수성은 이미 소문이 날만큼 났다.

역대 정부의 한글 정책

나는 한글학자가 아니다. 그러므로 깊이 있게 역대정부의 한글정책을 연구하고 비판할 필요를 느끼지 않는다. 학자가 아니라고 해서 그것을 연구해서는 안 된다는 뜻이 아니고, 해도 되지만 그 일을 하려면 하루 이틀에 되는 일이 아니기 때문이다. 그러나 한말글 사랑에 글을 쓰는 사람으로 역대정부의 국어정책에 대하여 대략적인 흐름은 알아둘 필요가 있어서 조사해 보았다. 국어정책에 대한 자료가 의외로 부족했다. 간신히 찾은 자료가

외솔회 부회장인 이대로의 글「김영삼, 김대중 정권 때의 국어 정책」이었다. 상당히 상세하게 쓴 글이지만 대략적인 골자만 발췌하기로 했다.

광복 후인 1948년 한글전용법이 통과가 되어 실시하였다. 반대하는 사람도 있었으나 이승만대통령의 확고한 의지로 한글전용이 이루어졌다.

박정희 전두환 시절

국한문 병용을 주장하는 학자들이 있어서 일부 허용되었으나 한글사랑 정신은 살아있었다.

노태우 정권

한글날을 공휴일에서 빼버려서 한글사랑 정신이 사행길로 접어들었다.

김영삼. 김대중 정부
한자와 영어가 득세하여 한글과 우리 말을 짓밟는 수준이었다.

김영삼 시절
한자 혼용법 제정 청원과 헌법소원
한글, 한자 혼용에 관한 법률제정 등에 관한 청원

김대중 시절
한자와 외국어 병용 정책

노태우 정권시절 한글날을 국경일에서 빼버린 것은 치명적인 사건이었다.

우리나라 대학입시와 마찬가지로 한글정책도 일관성이 없이 주먹구구식이다. 참 창피한 일이라 아니할 수가 없다.

노무현 정권이나 이명박 정권 시절에도 이렇다 할 국어정책이 없었다. 박근혜 정부에 와서 비로소 국어정책이 있었다. 진보정부라는 문정권의 국어정책도 없는 걸로 알고 있다.

세코이야Sequoyah

애팔래치아 산맥 중 테네시 주에 있는 그래이트 스모키 국립공원The Great Smokey Mts Nat'l Park을 구경하고 인접한 체로키 마을에 갔다. 체로키는 인디언 종족 중에서 가장 개화한 씨족인데, 그것은 체로키 문자를 만든 세코이야 라는 인물이 있었기 때문이었다.

체로키 마을의 기념품상점 앞에는 세코이야의 커다란 동상이 서있었는데 그의 눈에서 눈물이 흐르고 있었다. 천연한 모습이었다. 그는 왜 울고 있을까. 문자를 만든 큰 학자가 아닌가 하는 의문이 생겼다.

아마 인디언의 비운에 대해서 그는 우는 것이 아닐까? 문자가 없어서 문자가 있는 백인들에게 모든 것을 잃은 비통 때문에 울고 있을 것이다.

나는 그곳에서 그를 처음 만났다. 그에 대해서는 아는 바가 없었다. 그는 체로키 문자를 만든 것으로 유명하다. 그러나 출생지와 생년월일은 알려져 있지 않다. 기록이 없기 때문이다. 세코이야는 백인 아니면 반백인 아버지와 체로키 인디언 어머니 사이에서 태어났다고 한다. 그는 은세공사로 일했으며 1809년 알라바마 주의 윌스타운으로 이사한 일이 있는데 영어를 말하지 못하면서 백인들의 말과 글은 세코이야를 자주 감동시켰다고 한다. 그가 영어를 못한 이유는 아버지가 가족을 버렸기 때문일 거라는 설이 있다.

세코이야는 1809년경에 체로키 언어를 위한 쓰기체계를 만드는 작업에 착수했다. 그는 12년 만에 다양한 음절들을 상징하는 85개 글자를 창제했다.

여러 가지 실험과 우여곡절 끝에, 1823년에야 체로키 나라는 이 문자체계를 나라문자로 수용했다.

나는 이 동상 앞에서 세종대왕과 우리 한글을 생각했다.

사실 한글창제는 세종대왕의 업적 가운데 가장 큰 업적이면서도 기록이 전혀 없다고 한다. 언제부터 만들기 시작했는지, 구체적인 동기가 무엇인지, 어떤 과정을 거쳐 만들어졌는지 기록이 없다고 한다. 심지어 세종 단독 작품인지, 집현전 학자들과의 공동 작품인지에 대해서도 논쟁이 분분하다고 한다. 엄청난 반대를 예상한 세종이 비밀리에 작업한 일이기에 그럴 것이다.

체로키 문자와 한글을 비교하고 싶은 마음은 전혀 없다. 다만 두 분이 참 대단한 분이라는 생각이 들고 존경의 마음에 머리가 저절로 숙여졌다.

체로키가 만든 문자

세종대왕일지라도 한글을 만들 수 있을까?

북한 핵에 대한 이야기가 나오면서 종편방송을 자주 보는 편이다. 걱정이 많아졌다. 정말 전쟁이 일어날까? 우리야 살만큼 살았으니 걱정을 덜 하지만 문제는 국가와 자손들이다. 국가 없는 설음은 당해본 사람만이 아는가?

자손들 중에는 내 자녀들과 손자 손녀도 끼어 있다. 그들은 살날이 많으니 행복할 권리가 있다.

북한의 젊은 지도자는 꼭 럭비공 같다.

생각해 보면 정치에는 무관심인 편이었다. 정치와 경제는 똑똑한 사람들이 할 것이라 생각했다. 그러다가 정년을 하고 시간의 여유가 생기면서 나도 모르게 정치와 경제에 관심을 갖게 됐다. 정치와 경제만큼 우리의 실생활에 직접 영향을 미치는 분야도 없다.

호황을 누리던 우리경제가 난관에 부딪쳐 허덕이고 있다. 경제가 어려우니까 여러 가지 희한한 일들이 발생하고 있다.

더욱이 세계 경제는 침체기에 들어간 것 같고 이웃의 중국과 일본은 우리의 경제를 위협하고 있다. 국가도 적자생존의 원리가 적용된다.

정치는 여와 야로 나누어 매일 같이 싸움만 한다. 야는 발목잡기에 온갖 역량을 기울이고 있다. 현 정부가 실정을 하도록 부추겨서 다음에 정권을 빼앗아오려는 데에 집중하고 있다. 여당은 자기몫 챙기기에 혈안이 되어 계파싸움만 하고 있다. 국민과 국가, 국가안보는 안중에 없고 사리사욕에 집중되어 있다. 끔직한 사건은 연일 터진다. 대통령을 욕해야 지식인이고 대통령 위에 있는 사람들이 참 많다. 모두들 대통령보다 똑똑

하다. 충신은 역사책에서만 보이는 존재인지 찾아보기 힘들다.

우리는 사람을 키우지 못하는 못난 민족인가?

뭉치면 살고 흩어지면 죽는다고 했는데 국론의 분열은 심각하다. 원로들과 언론, 정치평론가들도 철저하게 나누어져 있다. 참된 어른이 없는 것 같다. 정말 말도 많고 탈도 많은 세상이다.

세종대왕 같은 명군이 태어나도 난마와 같이 얽힌 현실을 잘 풀어 나갈지 의문이다.

역사에는 가정은 없지만, 세종대왕이 지금 우리나라에 태어나서 이런 조건에서 한글을 만든다고 가정해보면, 가능할까? 하는 생각을 해보았다. 속단하기는 어렵지만 불가능 할 것이다.

그 당시도 반대파들이 많았지만 지금 보다는 훨씬 나았을 것이다. 세종대왕이 그 때 태어난 것은 천만 다행한 일이다.

세계화 시대에 있어서 해외 교포 한글 교육의 현황

Ⅰ 글 쓴 동기

2016년 2월 13일 KBS 다큐 특집 〈고려인 우리말로 희망을 찾는다〉가 방영되었다. 카자흐스탄이나 우즈베키스탄에는 우리 교포들이 이십오만 명이 살고 있다. 그들은 러시아 말은 모국어처럼 잘하는데 정작 한글은 외국어가 된 사실을 방영했다.

그렇게 된 사연이 있었다. 카자흐스탄이나 우즈베키스탄의 고려인들은 우리나라가 광복되기도 전인 1937년 연해주에 살았는데 청일전쟁 후 고려인이 일본의 스파이가 될 수 있다는 터무니없는 이유로 스탈린이 멀리 중앙아시아 황무지로 강제 이주를 시켰다. 그들은 황무지에 빈 몸으로 내던저 저서 갖은 고생을 하며 살았다.

더욱이 그 이듬해에 스탈린은 한글을 못 쓰게 하는 금지령을 내렸다. 이 얼마나 잔혹한 처사인가. 고려인들은 나라도 잃고 글도 잃었다. 그들은 살기위해서 한글을 버리고 러시아어를 배워야했다.

세월이 흘러 한국은 한강의 기적을 낳아 소련을 능가하는 경제대국이 되어 위상이 높아져서, 해외 교포들은 자긍심을 갖고 한글을 배우고자 한다. 수요는 있는데 공급은 어떠한가? 이에 한글 교육 현황을 살펴보고 올바른 대책을 모색해보고 적절한 교육을 시키고자 하는 것이 본고의 목적이다.

Ⅱ 한글 학습 희망자의 상승 현상

1. 한국 경제의 눈부신 발전으로 인한 교포 2, 3세의 관심 증폭
2. 세계화 시대를 맞이하여 문화 및 산업의 발달. 인터넷/정보통신의 혁명으로 한글에 대한 관심 증가.
3. 미술, 문학, 드라마와 음악 등 한국문화에 대한 한류현상
4. 외국인 유학생의 증가
5. 한국인과 외국인 사이의 결혼

Ⅲ 교육 대상

1. 해외교포

① 교려인들 뿐 아니라 해외교포 2, 3세는 대부분이 한글을 모른다.

② 해외 교포 2, 3세에게는 거주하고 있는 나라말이 모국어이고 한글은 외국어가 되는 것은 필연의 현실이다.

③ 교포 2, 3세는 한글을 접해보기가 쉽지 않고 부모들은 고달픈 삶에 쫓겨 자녀교육을 돌볼 시간이 없었을 것이다.

거주하는 나라에 한글교육학교가 없었을 것이다. 지금은 정부도 사태의 심각성을 깨닫고 여러 가지로 애쓰고 있는 것은 바람직하다.

재외동포 비율(외교부 통계, 2013)- 표 1

아메리카	미국	2,091,432	29.82%
아메리카	캐나다	205,993	2.94%
아메리카	브라질	49,511	0.71%
아메리카	아르헨티나	22,580	0.32%
아메리카	과테말라	12,918	0.18%
아메리카	멕시코	11,364	0.16%
아메리카	파라과이	5,126	0.07%
아시아	중화인민공화국	2,573,928	36.70%
아시아	일본	892,704	12.73%
아시아	우즈베키스탄	173,832	2.48%
아시아	카자흐스탄	105,483	1.5%
아시아	필리핀	88,102	1.26%
아시아	베트남	86,000	1.23%
아시아	인도네시아	40,284	0.57%
아시아	싱가포르	20,330	0.29%
아시아	타이	20,000	0.29%
아시아	키르기스스탄	18,403	0.26%
아시아	말레이시아	14,000	0.2%
아시아	인도	10,397	0.15%
아시아	아랍에미리트	9,728	0.14%
아시아	사우디아라비아	5,145	0.07%
아시아	캄보디아	4,372	0.06%
아시아	중화민국	4,304	0.06%
오세아니아	오스트레일리아	156,865	2.24%
오세아니아	뉴질랜드	30,527	0.44%
유럽	영국	44,749	0.64%
유럽	독일	33,774	0.48%
유럽	프랑스	14,000	0.2%
유럽	우크라이나	13,083	0.19%
유럽/아시아	러시아	176,411	2.52%
전체	30국가	7,012,492	100%

해외 교포의 분포를 조사해보자. 2013년 외무부 통계에 의하면 해외 교포가 700만(표1)이 넘는다. 남한의 인구가 5천만이라면 1/7이 해외에 살고 있다. 이 숫자는 적은 수가 아니다. 그들에게 한글교육을 실시하는 것은 국익에 많은 도움이 될 것이다.

2. 유학생, 한국인과 결혼한 배우자, 한글을 배우고 싶은 외국인

Ⅳ 해외동포 및 외국인을 위한 한글교육 기관

1. 한국문화원, 세종학당, 해외 초중등학교 한국어반, 대학 한국어과 등

한국 문화원이 대사관처럼 모든 나라에 있는 것은 아니다. 다만 우리나라와 수교가 활발하거나 국교를 맺은 나라, 외교적으로 한국과 밀접한 관계에 있는 나라에는 대사관처럼 세계 각국에 있다.

* 2009년에 한국문화와 정보를 홍보하기위해서 전 세계에 한국문화원을 설치하였다.
* 한국문화를 홍보하고 문화적 교류를 목적한 정부와 제휴한 비영리 기관이다.
* 문화관광부 산하로 한국문화원은 한국문화의 여러 분야를 소개하고 흥미를 유포하여 미술, 음악, 문학, 영화, 요리의 범주아래 많은 행사를 조직한다.

한국문화원 분포

24개국 28 한국문화원(대륙별 나라와 도시)

아프리카
이집트 -카이로
나이지리아-아부자
아시아. 오세아니아
오스트레일리아-시드니
중화인민공화국-베이징. 상하이
인도-뉴우델리
인도네시아-자카르타
일본-토오쿄오. 오사카
카자흐스탄-아스타나
필리핀-타기그
타이-방콕
베트남-하노이

유럽
벨기에-브뤼셀
프랑스-파리
독일-베를린
헝가리-부다페스트
폴란드-바르샤바
러시아-모스크바
스페인-마드리드
터어키-앙카라
영국-런던

북중남미
아르헨티나-부에노스아이레스
브라질-사웅파울로
멕시코-멕시코시
미국-워싱턴 디시. 뉴우요오크. 로스앤젤레스

앞으로(예정)
캐나다- 터론토 또는 오타와(미결정)
싱가포르-싱가포르

2. 세계 곳곳에 있는 세종학당

한국문화원은 한국문화를 홍보하는 것이 주 임무이다. 한글을 교육하는 분야에는 소홀한 감이 있다. 따라서 한글교육만을 담당할 기관이 필요해서 만든 곳이 세종학당이다.

세종학당의 정의

2005년에 설립하였으며 한국어 통합연구 및 정보 서비스를 통한 한국어 교육기관이다.

아시아- 21개국 86 곳
유럽- 16개국 26 곳
오세아니아- 2개국 3곳
아프리카-5개국 5곳
아메리카-10개국 18곳

3. 최근 3년간 해외(국가별) 초중등학교 한국어 반 개설현황

지역	국가별	2011년도		2012년도		2013년도					
		학교수	학생수	학교수	학생수	학교수			학생수		
						정규	방가후	계	정규	방가후	계
아시아	중 국	3	100	4	203	6	0	6	270	0	270
	일 본	294	11,331	309	11,970	276	26	312	10,873	1,450	12,323
	대 만	22	1,132	48	2,214	58	0	58	3,186	0	3,186
	태 국	59	17,203	74	23,093	69	0	69	22153	0	22,153
	인도네	23	895	31	3,320	0	31	31	0	3,316	3,316
	필리핀	2	40	.	.	.	.	.	.	.	.
북미	미 국	91	8,509	109	9,421	103	19	122	10,007	501	10,586
	캐나다	.	.	39	2,543	0	38	38	0	2,505	2,505
중남미	파라과	5	903	11	1,673	12	2	14	1,598	76	1,674
	아르헨	.	.	2	235	0	4	4	0	315	315
	브라질	4	91	3	70	0	4	4	0	143	143
CIS	키르키	25	2,439	28	2,210	1	27	28	40	2,557	2,597
	카자흐	23	629	20	690	0	18	18	0	677	677
	우즈베	22	7,115	22	7,320	20	0	20	7,102	0	7,102
	타지키	1	192	1	192	2	0	2	469	0	469
	러시아	36	4,042	32	3,856	26	12	38	3,981	207	4,168
	이르쿠	1	427	1	427	26	12	38	3,981	207	4,168
	우크라	4	344	4	441	4	0	4	441	0	441
	벨라루	.	.	2	19	2	0	2	26	0	26
유럽	프랑스	20	2,698	19	1,817	10	14	24	893	1,897	2,790
	독 일	5	73	8	96	1	11	12	63	144	207
	느르웨	1	40	1	32	1	0	1	35	0	35
	불가리	.	.	1	46	2	0	2	99	0	99
	영 국	.	.	3	80	0	6	6	0	88	88
오세아니아	호 주	43	5,758	47	5,084	57	0	57	6,992	0	6,992
	뉴질랜	6	496	8	660	10	0	10	702	0	702
아프리카	케 냐	2	55	.	.	.	.	.	.	.	.
	카메룬	.	.	.	.	.	.	.	.	.	.
계		895	64,611	827	77,752	650	222	882	68,930	13,956	82,668
		22개국		24개국		24개국					
		25개국지원		23개국지원		23개국지원					

V 결론

* 해외교포, 외국 유학생, 국제결혼 배우자를 위한 한글교육은 어느 정도 틀은 갖추었으나 예산의 부족인지 수요가 부족한 것 같고 실적도 미미한 현실이다.

(2016)

가장 낙천적인 언어 스페인 권…
가장 비관적인 언어 중국어 권

"가장 낙천적인 언어 스페인어 권 가장 비관적인 언어 중국어 권"
미 연구진, 10개 언어 구글 검색·신문 기사 등 빅데이터 분석이란 글은 2015. 2. 11 조선일보 A12에 실린 기사이다.

10개 국어는 영어·독어·불어·스페인어·포르투갈어·중국어·한국어·인도네시아어·아랍어·러시아어를 대상으로 연구했는데 순위는 스페인어·포르투갈어·영어·독어·불어 순이고 꼴찌는 중국어 그 바로 위가 한국어라는 것이었다.

연구자는 버몬트대 수학과 크리스 댄포스 교수 연구진이고 연구결과는 국제학술지 '미 국립과학원회보PNAS'인터넷 판에 실렸다고 한다.

결론을 잘 살펴보면 서양의 라틴어 권 언어들이 낙천적이고 동양의 한문 권 언어가 비관적이다.

(2017)

논을 삶다

지난해 6월에 광주로 해서 안동을 다녀왔다. 지리산 근처 산악지대를 통과할 때 도로주변에 '염수분사지구' 라는 문구가 눈에 띄었다. 내 평생 처음 보는 문구이다. 산악지대에 있는 걸로 봐서 의도하는 뜻은 대충 알겠는데 몹시 거슬렸다. 사전에도 없었다.

도로공사에 문의해보니까 터널 앞에 써놓았는데 겨울에 사고방지를 위해서 얼지 말라고 염화칼슘(소금물)을 뿌리는 구간이란 뜻이란다.

추측한 대로이었다. '염수 + 분사 + 구간'의 기가 막힌 창작어(?)일 것이다.

3단어 다 우리가 일반적으로 쓰기 때문에 트집을 잡을 오류가 없을 수도 있다. 그러나 수치스런 생각이 들었다. 누가 이와 같은 문구를 만들어 놓았을까?

이삼십년 전에는 고속도로에 '노견 없음'이라는 문구가 버젓이 붙어 있었다. 한글로 써 있어서 나 같이 학식이 부족하고 글재주가 없는 사람이 그 말의 뜻을 이해하는데 몇 년이 걸린 경험이 있다. '견' 자가 문제이었다. '路肩없음' 이렇게 써놓았으면 바로 알았을 것이다. 이 말은 내가 한문을 옹호하는 뜻에서 말한 것은 아니다. 한문 투의 낱말을 한글로 표기해 놓아서 어려웠다는 이야기이다.

지금은 어디에도 '노견 없음' 이라는 낱말은 없다. 대신 '갓길 없음'이 있다. 갓길 없음 얼마나 자연스러운 우리말인가. 같은 방식으로 염수분사구간 보다 '소금 뿌리는 구간'이 어떨까?

광복이 되고 한글세대가 대부분 나이가 80인 시간이 흘렀는데 아직도 한문을 숭상하는 사람들이 있는 것은 서글픈 일이다. 아니 한문을 숭상하는 것이 아니고 한글을 너무 모르는 것이다.

이튿날 우리는 안동의 저전동楮田洞농요발표회에 참가했다. 저전이란 말은 '닥나무 밭' 이라는 뜻이다. 순 한문 투의 표기임을 부인할 수 없다.

그런데 그곳에서 "논을 삶는다." 는 말을 들었다. 논을 삶는다니 처음 들어보는 말이다. 마른 논에 물을 대고 논을 쓰레질과 가래질로 모를 심기 좋게 만든다는 뜻이란다.

"감자를 삶는다." "달걀을 삶는다." "밤을 삶는다." "빨래를 삶는다." 는 우리가 보통 쓰는 말이다. 논을 삶는다는 말은 나에게는 새로운 말이었다. 그리고 재미나는 표현이었다. 친구들에게 자랑삼아 이야기 했더니 옥천 근처에서도 그런 말을 쓴단다. 그 말을 듣자 무식이 탈로나 창피한 생각이 들었다. 그래도 "논을 삶는다."는 말을 안 것은 소중한 보물을 얻은 것과 다름이 없다.

저전리에서 여러 농요를 들었다. 그 중에 한글의 아름다움을 표현한 노래 하나를 소개하겠다.

아이- 아이- (후렴)
동해바다에 씨를 뿌려서
찌지 못해 수심이네
하늘에 올라 목화를 심어
따지 못해 수심이네 아이- 아이-(후렴)
아장아장 이내 처가
이슬 밭에 신을 벗어
매화가지 꺾어들고
이슬 치러 가자스라 가자주소 아이- 아이-

저전동 마을의 모찌는 소리의 한글 가사다.

한문이 아닌 대부분 우리말로 써진 노래이다. 얼마나 아름다운 노래인가!

세종대왕께서 불쌍한 백성을 위해서 만든 글이라 그런지 농요에 이렇게 아름다운 우리말이 살아 있다.

(2017)

젠더gender, 가바너governer, 셉테드CPTED

지난해 5월에 개탄할 만한 끔직한 범죄가 연달아 일어났다. 강남역에서 20대 여성이 남녀공동 화장실에서 살해당했다. 부산에서는 묻지마 폭행사건이 일어났다. 섬에서 근무하는 여교사가 성폭행을 당했다.

어느 방송사에서 대학교수들을 토론자(패널)로 불러 이야기를 듣는 방송을 하였다. 토론자로 참석한 어느 교수가 젠더gender, 가바너governer, 셉테드CPTED라는 외국어를 썼다. 앞의 두 낱말은 알겠는데 셉테드 란 말은 처음 들어보는 낱말이었다. 아나운서가 그도 모르는지 설명을 부탁했다. 뭐라고 말을 하는데 알아들을 수가 없었다. 사전을 찾았으나 없어서 인터넷에 들어가 보니까 다음과 같은 해설을 해놓았다.

> "CPTED-crime prevention through environmental design= 환경설계를 통한 범죄 예방"

이런 전문 용어를 마구 사용하는 것은 어제 오늘의 일이 아니지만 대학교수가 방송에서 이런 전문 용어를 거리낌 없이 사용하는 것은 문제가 심각하다고 본다. 요즈음 외국어의 난발이 더 심해지는 것 같아 서글픈 생각이 들었다. 지식인들은 자신을 과시하고 싶은 마음이 더 절실해졌는지 매우 심해진 감이 있다.

대학 교수는 그 학교에 국한된 사람이 아니다.

외국어를 쓸 때는 텔레비전과 같이 우리말로 번역하면 오히려 어색한 그런 말은 허용할 수 있지만 이 경우는 너무 심한 것 같다.

사실 외국어 난발의 첫 번째 원인제공자는 지식인들 전부이다. 특히 기자들과 방송에 종사하는 아나운서들이다. 이들은 글 쓰는 능력 이전에 모국어를 사랑하는 마음부터 길러야 될 것 같다.

(2017)

정선의 음식 이름

지난 해 유월에 강원도 지방으로 출사를 나갔다. 3시에 출발하여 도담 3봉에 도착해서 일출사진을 담았다. 그리고는 청령포에 가서 역사의 상처를 어루만지며 소나무 사진을 찍었다.

점심은 정선에서 먹기로 하였다. 점심을 먹고는 진부면 장전계곡에 가서 이끼를 찍는단다.

정선은 참 아름다운 고장이라는 점을 새삼 느꼈다.

정선의 전통시장에 가서 강원도 토종음식을 먹기로 하였다. 일행 중에 그곳 음식을 잘 아는 이가 있어 전통시장의 대박 집에 갔다. 아침은 김밥으로 때웠기 때문에 출출했다.

대박 집은 꽤 유명한 음식점 같았다. 새로울 것도 없는 KBS나 MBC의 맛 자랑 음식점으로 방송을 탄 집인지 간판에 문구가 있었다. 고참 사진사들은 그 집을 다 아는 것 같았다. 나 같은 신출내기는 그곳 방문이 처음이다.

그런데 음식 메뉴를 보니 참 재미있는 표현들이 많았다. 곤드레 밥, 감자옹심이, 올챙이국수, 콧등치기, 모듬전, 정선 막걸리, 산초두부, 수수부꾸미, 당귀족발 등

그 중에도 감자옹심이, 올챙이국수, 콧등치기는 처음 들어봤다.

강원도는 감자와 메밀, 옥수수가 많이 난다. 이들 농작물을 이용하여 만든 음식이 감자옹심이, 올챙이국수, 콧등치기이다. 감자옹심이는 감자로 만드는 수제비국이고 올챙이국수는 옥수수로 만들고 콧등치기는 메밀로 만드는 국수이다.

옹심이는 새알심의 사투리이다. '새알심'은 팥죽 속에 넣어 먹는 새알만한 덩어리로, 찹쌀가루나 수수가루로 동글동글하게 만든 것을 말한다. 감자옹심이는 감자가루로 새알심처럼 작고 동글동글하게 만들어서 수제비처럼 만들어 먹는 음식이다.

콧등치기는 메밀가루로 만든 국수로 칼국수면 보다 더 투박하고 크게 잘라 차가운 국물에 담가먹는 국수로 먹다보면 면이 후드득 잘라지며 면발이 콧등을 친다고 하여 콧등치기 국수라 한단다. 콧등치기는 전에는 꼴두국수라고 불렀단다. 꼴두국수란 어릴 때부터 하도 많이 먹어 꼴도 보기 싫은 국수라는 뜻으로 불렀단다. 그런데 누가 콧등치기 라는 재미있는 말을 지었을까? 기발한 착상이 추억 속의 국수가 되고 말았다. 콩갱이라는 음식도 있다. 콩갱이란 콩으로 만든 국이란 뜻이다. 갱羹은 메탕을 말한다. 갱이 한문 투라 눈에 거슬린다.

올챙이국수는 옥수수 전분을 이용하여 만들어서 숟가락으로 떠먹는 음식인데 국수가 올챙이 같이 생겼다. 국수라기보다는 수제비에 가깝다.

어쨌든 순 우리말로 지은 음식이름이 얼마나 아름다운가! 점심식사로 올챙이국수만 먹고 다른 음식은 설명만 듣고 와서 아쉬웠다. 다음 기회에는 이들 음식을 다 맛봐야겠다.

(2017)

황가누이 강Whanganui River과 왕가누이 강Wanganui River

뉴질랜드의 북섬에 황가누이 강 혹은 왕가누이 강 이라는 강이 있다. 황가누이 강은 마오리 어로 큰 강이란 뜻인데 뉴질랜드에서 3번째의 긴 강이다. 길이가 290km로 한강보다 200km나 짧지만 이 강은 뉴질랜드에서 배가 다닐 수 있는 가장 긴 강이다. 수량이 풍부하고 주위 환경이 아름다워 관광지로서 손색이 없다. 그래서 누구나 한 번 가보고 싶은 곳이라 한다.

이 강은 현지인들의 생활에 중요한 역할을 하고 있다. 마오리족의 속담에 '내가 강이고, 강이 곧 나다Ko au te awa, ko te awa ko au' 라고 할 정도로 마오리 인들의 신앙과 같은 존재이다.

마오리 인들은 1870년부터 이 강을 인격체로 인정해달라며 소송을 제기했다. 그들의 소송은 160년 이상을 끌어온 셈이다

드디어 뉴질랜드 국회는 지난 2017년 3월 15일 황가누이 강을 인간과 똑같이 인격체로 인정한다고 마오리 인들의 소원을 들어주었다. 다른 중요한 사실은 마오리 인들은 이 강을 황가누이 강 이라고 불렀고 백인들은 이 강을 왕가누이 강으로 불렀는데, 마오리 인들은 그 강을 황가누이 강으로 불러야한다고 줄기차게 요구해온바 그 것도 황가누이 강으로 부르기로 했단다. 이러한 조치는 사라져가는 마오리 언어를 위해서라니 시사 하는 바가 크다.

우리는 이 시점에서 사라져가는 우리의 토속어인 방언에 대하여 깊은 생각과 정책의 필요성을 간과해서는 안 될 것 같다.

경상도 방언, 전라도 방언, 충청도 방언 강원도와 경기도 방언뿐 아니

라 이북 오도의 방언도 보존해야할 필요성을 절실히 느낀다. 방언이야말로 우리 고유의 문화이며 언어이기 때문이다.

(2017)

미국 교포의 넋두리.

지난봄에 미국 교포 손님들과 봄놀이를 간 일이 있다. 미국으로 이민 가서 미국의 시민이 된 사람들이지만 모처럼 우리나라에 와서 경치 좋고 아름다운 곳을 여행한다는 것은 즐거운 일일 것이다.

진안의 마이산에 가서 하룻밤 자고 이튿날은 무주 덕유산에 가, 케이블카로 정상에 올라 봄날을 즐기기로 했다. 일행은 고희를 넘긴 사람들이 대부분이라 등산은 어렵고 리프트를 이용해서 정상에 오르는 것은 편리하고 즐거운 일일 것이다. 그 근처에는 좋은 음식점이 많다.

여행에 가장 좋은 선물은 날씨일 것이다. 화창한 봄날이었다. 의외로 마이산에 가보지 않은 사람이 많았다. 처음 보는 사람들은 특이하게 생긴 산세에 고무되었고 무수히 많은 돌탑에 매료되었다.

밤은 깊어갔고 서로가 살아온 인생사를 이야기했다.

다음 날도 날씨가 좋았다. 더할 나위 없는 화창한 봄날이었다. 덕유산 정상에 있는 카페에서 커피를 들며 담론했고 중고시절에 배운 동요와 서양의 민요들도 부르며 즐거운 시간을 가졌다.

마지막 코스가 금산 칠백의총이었다. 그곳에는 내 제자가 있어서 설명을 자세히 해주었고 비록 고국을 떠나 미국에 사는 동포들이만 진지하게 들었다.

그들 중 한 분이 칠백의총에 대한 이야기를 했다. 자기는 칠백의 총으로 이해했다는 것이다. 사실 칠백의총七百義塚은 띠워 쓰면 안 된다. 고유명사이기 때문에 붙여써야한다. 그러나 한문을 전혀 생각지 않는 사람은 무덤을 보지 않고 칠백의총을 듣는다면 칠백七百의 총銃으로 알아듣는다는 뜻이다.

가수가 노래를 할 때 가사를 화면 하단에 써주는 것은 무슨 까닭일까? 듣기가 쉽지 않다는 뜻이다. 한문으로 칠백의총 이라고 쓰면 알기 쉽다.

그는 또 피부양자 이야기를 했다.

그녀의 남편이 한국에 와서 일을 한 일이 있단다. 그때 월급에서 연금을 띠었는데도, 그 때는 외국인이고 내국인이고 월급에서 연금을 일률적으로 떼되, 법에 교포에게는 연금을 주지 않는 걸로 되었는데 비합법적인 법이 바뀌어서 교포에게도 연금을 주는 걸로 되어 서류를 작성하는데 피부양자 란에서 헤맸다는 이야기 이었다. 피부 양자가 무엇인가 의미가 잡히지 않더란다. 피 부양자라고 읽던가, 써야 의미가 통한다. 우리나라 말에는 이런 말들이 많이 있다. 한문 식 표기방법의 낱말을 한문을 쓰지 않고 한글 식으로 읽으면서 비져지는 넌센스다. 또 띠워 쓰기의 특성에서 일어나는 현상이다.

우리가 다 아는 "아버지 가방에 들어가신다." 라는 말은 띠어쓰기의 중요성을 이야기하는 예이다.

한문의 때가 잔뜩 낀 이런 단어들을 순 우리말로 바꿀 수는 없는 것일까. 하고 생각해본다.

(2018)

개비리 길 밥상

전에는 쓰지 않던 '둘레길' 이라는 말을 우리는 자주 쓴다. 둘레라는 낱말과 길의 합성어 이다. 그런데 듣기에도 좋고 아름다운 말이다. '올레길' 이라는 말도 있다. 이 말은 처음 듣는 사람은 이해가 잘 안 될 것이다. '올레길'은 제주 방언으로 집으로 가는 좁은 골목길을 뜻하는 데 산티아고 순례길을 걸은 언론인 아무개가 제주도에다 만들었다고 한다. '둘레길'과 같은 뜻이다. 올레길은 뜻으로 논리엔 맞지 않는 감은 있지만 그 발음이 싫지가 않다.

이 길도 도보 여행자들이 유용하게 사용한다고 한다.

표준말 정책으로 아름다운 방언들이 사라지는 현실에서 생경하면서도 아름다운 방언을 발견하는 것은 즐거운 일이다.

신조어가 아닌 예부터 전해 내려오는 아름다운 방언이 있다. 창영 남지의 개비리 길이다. 용산에서 영아지 마을까지 너비가 1m 정도의 2.4km의 강변길은 트레킹에 이보다 좋은 곳은 없을 것이다. 모든 것이 힐링과 결부되는 시절이니 말이지 차도 다닐 수 없는 이 오솔길을 좋은 길이라고 할 수는 없었다. 그런데 시대가 바뀌면서 사람들이 찾는 길이 되고 보니 좋은 길로 된 것이다. 남강의 푸른 물빛과 바위 벼랑, 길섶에 핀 야생화들이 아름다운 개비리길은 봄에 걷기에 딱 알맞을 것 같다.

개는 견공을 이야기 하는 것 같고 비리는 벼랑의 경상도 사투리란다. 충청도에서는 비리 라고하지 않고 '양산벼루' '제원 벼루' 라고 한다. 지역마다 이렇게 다른 것이 사투리의 특색이다.

우리나라 말에서 '개' 자가 들어가면 낮추는 의미가 깊다. 개살구, 개복

숭아, 개나리, 또 욕설에도 사용되었다. “개자식”

개비리 길은 별 볼일 없는 길의 뜻이 아닐까 하는 생각이다.

자료를 찾아보니 개비리 길에 대한 전설 또는 유래가 있는 것 같다. 나는 그 유래를 따지고 싶은 마음은 없다. 그냥 아름다워서 써보았다.

이만 하고 개비리 길의 밥상에 대하여 이야기하고자 한다. 길 이야기가 아니고 음식 이름에 대하여 이야기하고 싶다.

강 유역에는 모래밭이 많다. 모래밭은 보통 작물은 가뭄 때문에 잘 안 되지만 땅콩은 잘 된다. 전쟁 전후 먹을 것 없던 시절 보릿고개로 굶어죽는 사람들이 많던 시절이었다. 그 때 이 마을 사람들은 어린애들에게 땅콩어리를 만들어주었단다. ‘어리’ 라는 낱말이 마음에 든다. 땅콩어리는 간식이 없던 시절 어린이들의 특급 간식이었다고 한다.

또 생소한 언어가 있다. ‘고구마 빼떼기 죽’ 이라는 음식이름이다. ‘삐떼기’ 라는 낱말은 고구마를 쓸어 말린 것을 말하는 방언이란다. 빼떼기는 삐딱 빼딱 쓸어 말렸다고 해서 붙여진 이름이란다.

‘개비리 길’, ‘땅콩 어리’, ‘고구마 빼떼기 죽’ 등 아름다운 방언을 찾는 것은 낚시하러 가서 월척을 하는 기분이다.

※ 둘레길은 산을 밖으로 둘러싸는 둘레를 도는 길, 또는 도시의 둘레를 도는 길

※ '올레길' 은 제주도 방언으로 집으로 통하는 아주 좁은 골목길

※ 땅콩 어리

※ 고구마 빼떼기 죽

(2018)

제 4 부 향가의 탄생과 몰락

광화문 광장의 지하 세계

광장문화가 발달된 곳은 유럽 쪽이다. 그 중에서도 스페인 광장이 가장 멋이 있다. 광장에는 위대한 인물의 동상이 있고 주위에는 나무들이 서있다. 분수도 있다. 벤치가 많아 사람들이 휴식을 취한다. 광장에는 비둘기가 모여든다. 거리의 화가들이 그림을 그려서 팔고 거리의 음악가들이 연주를 하거나 노래를 부른다.

우리나라는 광장 문화라는 것이 없다. 기껏해야 우리나라는 광장에서 데모를 한다.

우리나라에서 가장 유명한 광장은 조성된 지 얼마 안 되는 광화문 광장과 시청광장, 서울역 광장 정도이다.

서울과 같은 대도시에 이 정도의 광장은 너무 적은 숫자이다.

광화문 광장에는 5천년 역사에서 가장 훌륭한 왕과 장군의 동상이 서 있다. 바로 세종대왕과 이순신 장군이다. 또한 경복궁과 청와대가 북쪽에 자리 잡고 있어 정부를 향한 의사표시는 이곳에서 대부분 이루어진다.

민주주의 국가에서 국민의 소리를 표시하는 것은 당연한 일이다. 그런데 요즈음은 이상하게도 반대를 위한 반대의견이 많다.

지난해 10월 2일 비가 추적추적 내릴 때 서울에 볼일이 있어 상경한 김에 시간의 여유가 있어 그곳에 가보았다.

흰 천막 막사가 세종대왕 동상 앞에도 있고 충무공 동상 쪽에도 있었다. 그렇게 많지는 않았다. 세종대왕 동상 쪽으로 거리를 건너면서 보니까 그쪽 천막은 세월호 유가족 천막이 아닌 것 같았다. 천막 안이 무척 조용하고 대자보도 없었다.

도로를 건너와서 경찰에게, "세월호 유가족 천막이 어디에 있는가?" 하고 물었다.

"왜, 싸우러 가시려고요?" 경찰의 말이었다.

"아니, 서울에 올라왔는데, TV에 하도 많이 나와서 알아보려고요."

경찰은 이순신 장군 동상 쪽을 가리켰다. 유족들의 흰 천막이 비를 맞고 있었다. 쓸쓸해 보이고 처량해 보였다. 사람들은 막사 안에 있는지 보이지 않았다.

"얼마 안 되네요."

"지금은 많이 줄었어요. 그래도 주말에는 많이 나와요."

세월호 법도 어느 정도 합의를 보았으니 이제 그만 서로가 타협해서 하루 빨리 마무리 지었으면 좋겠다.

세종회관 미술실에 가 보고 싶어 그리로 향했다. 구조가 좀 변한 것 같았다. 지하로 내려가니 커다란 공간이 새로 생겼다. 세종회관 별관 바로 아래쪽은 민족의 성웅 이순신 장군 이야기가 전시되었고 동쪽으로 광화문 광장 아래쪽에는 세종대왕 이야기가 전시되었다. 지상의 세계와는 다른 별나라 같았다.

죽 둘러보면서 가슴이 뭉클했다. 집현전 신하들의 반대에도 불구하고 한글을 창제하신 세종대왕의 업적을 다시 한 번 깨닫는 시간이었다. 한글은 디지털 시대에 그 가치가 점점 더 높아지고 있다고 한다.

데모대들은 지상에만 있지 말고 더러는 이 지하에도 와보고 이 두 영웅이 국가와 백성을 위해서 한 일을 곱씹어 보기 바란다.

47대 미국 대통령 케네디의 취임 연설 한 구절이 생각났다.

> And so, my fellow Americans: ask not what your country can do for you-ask what you can do for your country.
>
> 그래서, 존경하는 미국국민 여러분! 국가가 여러분에게 무엇을 해 줄 것인가 묻지 말고, 여러분이 국가를 위해 무엇을 할 수 있는가를 물어 보십시오.
>
> My fellow citizens of the world: ask not what America will do for you, but what together we can do for the freedom of man.
>
> 존경하는 세계 시민 여러분, 미국이 여러분에게 무엇을 해 줄 것인가 묻지 말고, 인간의 자유를 위해 무엇을 함께 할 수 있는가를 물어 보십시오.

(2015)

언어의 전쟁

저 지난해 7월 4일 문화체육관광부 발표에 의하면 '세종학당이 100곳 돌파' 라는 발표가 있었다.

세종학당은 해외에서 한국어와 한국문화를 교육하는 기관인데2007년 13개소로 출발했는데 7년 만에 51개국 117개소로 확장되었다는 것이다. 2017년 200개소를 목표로 한다고 한다.

눈이 번쩍 뜨이는 소식이었다.

일본은 겨우 22개국 23개소로 우리보다 형편없이 낮다.

세계적인 추세는 어떠한가? 중요언어 중요국가들의 언어 정책은 어떠한가? 통계로 살펴보면 다음과 같다.

중국의 공자학원-108개국 979개소
프랑스의 알리앙스 프랑세스-136개국 968개소
영국의 브리티시 카운슬-110개국 250개소
독일의 괴태 인스티튜트 93개국 149개소

이것은 소리 없는 언어 전쟁이다. 총칼 없는 언어의 전쟁이다.

같은 언어로 대화를 하고 글을 읽는 다는 것은 하나가 되는 과정이다. 또한 같은 언어를 사용한다는 것은 생각과 감정을 공유한다는 의미가 된다. 또한 하나의 문화권에 속함을 의미한다.

영국과 미국 캐나다와 호주, 뉴질랜드는 어쩐지 같은 편 같다.

남미는 브라질만 빼고는 모든 나라가 스페인어를 사용한다. 따라서 남미는 어쩐지 스페인 편 같다.

세종학당의 팽창은 경제 발전과 한류의 영향이 아닌가 한다. 앞으로 더욱 발전할 동력이 충분히 있다고 생각한다.

한글은 IT시대 최고 경쟁력을 갖춘 문자로, 한글 수출에 모두가 관심을 가져야할 때이다. 진실한 우리의 우방을 가져야하기 때문이다.

(2015)

주위에서 만난 신조어들
-발전선과 빛다듬, 모시미

"대단히 위험하오니 안전한 노란 발전선 안에 서십시오."

대전에서 전철을 탈 때 매번 듣는 말이다. 이 말 중에 발전선이란 낱말이 이해는 되지만 낯설다. 사전을 찾아보니까 발전선이란 말은 없다. 누군가가 만들어낸 낱말이다. 발전선이란 낱말을 사용하기 위해서 '안전한' 이란 낱말을 쓴 것 같다.

'발전선' 이란 낱말은 올라갈 때는 잘 어울리는 것 같다. 그런데 내려갈 때는 어울리지 않는 것 같다. 그러니 '발전선' 이란 낱말을 빼고

"대단히 위험하오니 노란 안전선 안에 서십시오."가 좋지 않을까.

'빛다듬'은 어느 사진작가 동우회 이름인 모양인데 잘 지었다는 생각이 든다. 사진은 빛의 예술이기 때문이다. 은여울도 사진작가 동우회의 이름 같은데 좋은 이름 같다.

이북의 조어들도 억지로 붙인 것 같은 인상을 받을 때가 있다. "몸깎기"는 어떤가? 도대체 '몸 깎기'는 무슨 말인가? 다이어트를 말한다. 다이어트diet는 우리말에는 없다. 이북 낱말 '몸 깎기' 는 좀 어색하지 않은가. 깎다는 낱말은 "연필을 깎다." "수염을 깎다." "잔디를 깎다." "물건 값을 깎다." 등에 사용한다. 몸을 깎는다는 낱말은 소름을 끼치게 한다. 이북말 '불알'도 폭소를 자아내는 낱말이다. 불알은 전구를 뜻한다. 불의 알인데 남자의 그것과 똑 같은 발음이 아닌가.

현충원역을 엘리베이터를 타고 올라와서 시내로 들어가는 곳에 "현충

원역 보훈 모시미 승강장" 이라는 글귀가 있다. 그 중 '모시미'가 좀 낯선 낱말이다. '모시미 승강장' 낱말 배치로 보아 셔틀버스를 말하는 것 같다. 모시는 알만한데 미는 무엇을 뜻하는가. 아무리 생각해도 모르겠다. 대전 현충원에 전화로 문의했다.

그쪽의 대답은 전국적으로 공모해서 장원으로 당선된 낱말인데 모시는 모시다의 뜻이란다. 미는 별 뜻이 없다는 것이었다.

아마도 '모시미'는 '모시는 이' '모시는 차'를 풀어 쓴 것일 게다.

새로운 낱말을 만들어낸다는 것은 참으로 어렵다.

(2015)

사자성어와 자동제세동기, 비상저감조치

선거철이 되면 신년에 메스 콤에서 사자성어를 방송한다.

몇 년 전에 잠용들에게 사자성어를 말하라고 앵커가 말을 해서 저마다 근사한 사자성어를 들고 나왔다.

한글세대의 가장 젊은 사람이 80이 넘었다. 그러니 잠용들의 전부는 한글세대에 속했다. 이런 사람들이 한문적인 사자성어를 새해라고 말하는 것은 한글을 사랑하는 사람 입장에서는 매우 유감스럽다. 문제는 이렇게 부추기는 매스컴이 문제이다.

유명인들이 저마다 한문의 사자성어를 한마디씩 한다. 사대주의의 근성이 이런 곳에서 표출되는 것이 아닐까. 우리민족에게는 불행하게도 한문에 대한 우월성 같은 게 있는 것 같다. 유구한 역사를 살아오면서 의식하지 못한 체 그러한 생활에 젖어서인 것 같다.

혹자는 국제화 시대에 나 같은 이야기는 시대에 뒤진 이야기 이라고, 언어는 언어라고, 몰아붙일지도 모르겠다. 세계화 시대인 것은 맞긴 맞다. 그런 논리라면 새해를 맞은 무렵에 덕담을 영어로 하면 어떤가! 왜 영어로는 안 하는가? 친미주의자가 되기 싫어서인가. 참 논리에 맞지 않는 희한한 일이다.

내 생각은 새해의 덕담은 한문으로도 영어로도 말고 한글로 하는 것이 옳다. 한글은 우리 고유의 언어이기 때문이다.

일전에 또 희한한 어휘를 발견하고 가슴을 친 일이 있다. 요즈음 심장마비로 급사하는 사람이 늘어가고 있다. 그래서 정부에서 심장충격기를 공중전화박스라던가, 요소에 설치해놓았다. 아주 참 잘 한 일이다. 아파트의 알림판에도 선전을 해놓았다. 그런데 심장충격기 정식이름이 자동제세동기自動除細動器 이란다. 난생 처음 들어보는 낯선 말이다. 제세란 말이 무슨 의미인지 몰라 사전을 찾았으나 없었다. 혹시 옥편에 이 낱말이 있는가? 찾아보았으나 없었다. 인터넷에 영어로는 AED, Automated External Defibrillator이다. 의학용어라 어렵긴 어렵다. 사전을 찾아보니, 옥스퍼드 사전에 다음과 같이 설명해 놓았다. Defibrillator는 to restore the rhythm of (a fibrillating heart) '심장에 충격을 주어 리듬을 회복시키는 것' 이라는 뜻 같다. 이 뜻을 자동제세동기自動除細動器 라고 번역한 것 같다.

도대체 이런 낱말을 만들어 내는 사람은 공무원인가. 학자인가.

심장마비 구조법 강의를 듣고 온 사람 이야기로는 왜 이렇게 어려운 낱말을 쓰는가? 라고 질문을 했더니, 이게 전문 용어란다. 이 정도의 낱말밖에 만들어내지 못하는 이의 수준이 의심스럽다.

설혹 학자들이 이 낱말을 만들어 냈다고 해도, 공무원들은 전시행정에 끝이지 말고 실효성을 따져야하지 않을까? 이 낱말을 의역해서 자동심장박동기 라고 고쳐서 써도 좋지 않을까. 그것이 바로 융통성이 아닐까?

이런 낱말 하나하나를 잘 선택해서 사용하는 것이 한글사랑이고 나라 사랑이 될 것이다.

이번에 또 미세먼지 비상저감조치 라는 요상한 낱말이 나와 판을 친다.

미세먼지가 골칫거리이긴 하다. 화력발전소와 경유차에서 나오는 미세먼지가 주범인 것 같다. 그 미세먼지는 여러 질병의 화근이 된다. 그 문제에 대해서는 나도 동감한다. 현대인들의 바람은 건강하게 오래 사는 것이다. 그래서 건강에 치명적인 원인이 되는 미세먼지는 퇴치되어야한다. 이렇게 되니 말이 많을 수밖에 없다.

오늘 내가 이야기하고 싶은 것은 미세먼지와 결부되어 있는 어구인 비상저감조치이다.

사실 미세먼지 라는 말도 전에는 없었다. 새로 만들어진 조어이다. 이 조어에도 나는 불만이 있다. 왜 한문 투의 말만 나오는가? 아주 작은 먼지는 안 되는가. 미세먼지라고 해야 등급이 오르는가? 미세 먼지에서 나온 비상저감조치에 이르러서는 화가 난다. 비상+저감+조치라는 낱말을 이어서 만든 어구일 것이다. 이 낱말 중에서 가장 거슬리는 낱말은 '저감'이라는 낱말이다. 우리 같이 한문에 조금이라도 익숙한 사람에게는 이해가 가지만 왠지 거슬린다. 이런 말들은 누가 만들어내는가. 기자 아니면 공무원일 것이다. 좀 부드러운 한글로 만들 수는 없는가? 뜻은

비상非常 : 예사로운 일이 아닌 긴급사태
저감低減 : 줄어짐. 줄임
조치措置 : 조처-어떤 문제나 사태를 해결하기 위하여 필요한 대책을 강구함

문제는 한문을 배격하면서 왜 이렇게 한문 투의 어구만 나오는가? 한문은 표어문자이기 때문에 새로운 낱말이나 어구를 만들어내기가 쉽다. 그래서 너무 안이하게 생각하는 것이 아닌가 하는 생각이다.

비상저감조치 보담 '깨끗한 공기 만들기'가 낫지 않을까.

자동제세동기 라는 명칭이 나왔을 때도 거론한바 있다. 한글을 사랑한다면 이런 사소한 낱말의 창작에도 신경을 좀 써야할 것 같다.

(2019)

『파한집』의 한시

중국은 시경이 있고, 인도는 리그베다가 있다. 일본은 하이쿠가 있고 서양은 일리야드와 오디세이아가 있다. 세계에서 가장 오래된 시는 메소포타미아의 영웅에 대한 시 길가메시 이다.

그런데 우리나라는 삼국유사에 향가 14수, 균여전에 11수, 도합 25수라니 쪽팔리지 않는가.

그래서 찾아낸 것이 김종직의 7영인데, 칠영은 사실만 신라 것이지 작품은 조선조의 김종직 작품이었다. 그나마 위안을 얻었다.

한문으로 써진 시책은 어느 것이 있나? 찾아보았더니 파한집이 있었다. 파한집이 우리나라 최초의 시화집이고 동시에 최초의 수필집이라고 한다. 파한집에는 시에 대한 평문도 있다는 것이다. 서양에서는 수필에 평론도 들어간다. 우리나라는 평론을 따로 분류한다. 그런 의미에서 수필집이라고 한 것 같다.

이인로의 파한집을 구하러 강남 교보문고에 갔다. 재고가 없었다. 그래서 알라틴에 갔다. 그곳에는 있을 것 같았다. 그런데 그곳에도 없었다.

다시 Yes 24에 갔더니 구인환이가 번역한 파한집이 한 권 있었다.

3100원에 사고 보니 원문, 한문이 없었다. 다시 국회도서관에 갔다.

파한집이 10여권 있었다. 류재영 교수가 번역한 책을 1/3 복사를 해왔다. 류교수의 번역본은 주석이 잘 되어있었다.

향가는 우리가 익히 알지만 파한집에 실려 있는 시가는 알지 못한다. 파한집의 시가가 한문으로 써있다는 이유만으로 그런 대접을 받는 것은 부당하다고 생각한다.

향찰로 써진 시가와 한문으로 써진 시가의 차이는 있지만 시적 정서는 같다고 생각한다. 다음 시를 감상해보자.

數點青山枕碧湖 公言此是晉陽圖
수점청산침벽호 공언차시진양도
水邊艸屋知多少 中有吾廬畫也無
수변초옥지다소 중유오려주야무

두어 봉우리 청산이 벽호를 베고 있으니,
공은 이것이 진양의 그림이라네.
물가에 초가들이 몇인 줄 알겠는데
그중에 내집은 보이지 않네.- 류재영 역

두어 점 푸른 산이 푸른 호수를 베었는데,
공은 이를 그림이라하네.
물가에 초옥이 그 얼마인고,
그 속에 내 집이 있는지 없는지. -구인환 역

廬-오두막려

滿城風雨近重陽 霜葉交飛菊半黃
만성풍우근중양 상엽교비국반향
爲有俗雰來敗意 惟將一句奇秋光

위유속분래패의 유장일구기추광

만성의 풍우가 중양절을 알리는데
서리친 잎 흩날리고 국화는 방긋 웃네
속세의 인정이 내 마음을 상케하니
이 시 한 귀로 가을 경치에 부쳐보네.-류재영 역

성중에 가득한 풍우 중양이 가까웠는데,
서리진 잎은 어지러이 날고 국화는 반쯤 누르도다.
속분이 와서 시흥을 패하게 하니,
다만 한 구로서 추광을 부치노라. -구인환 역

두 분 번역이 차이는 좀 있으나 서정을 느낄 수 있는 시이다. 파한집의 시도 문인이면 누구나 한 번 쯤은 읽을 필요가 있을 것 같다.

(2019)

김종직의 칠영 1

「회소곡會蘇曲」

구비문학은 시의 발달과정을 살펴보면, 기록문학에 비하여 훨씬 먼저이다. 구비문학은 문학의 모태이며 민족의 정서와 문화가 반영되어 있다. 구비문학의 범주는 민담, 전설, 신화, 사료 등일 것이다.

구비문학이 문자의 발명이나 의식의 발달로 기록문학으로 발전하는 것은 역사적 사실이다. 그리고 옛 시가에서 우리는 우리말과 글의 아름다움을 만나고는 기쁨이 배가되곤 한다.

칠영은 조선시대의 대학자인 김종직이 신라의 향가이었으나 그 가사가 없는 것을 안타까워하며 삼국사기의 사실을 기반으로 복원하는 뜻에서 지은 시가이다.

2005년에 한말글 사랑에 글을 쓰기 시작했다. 그 때 나는 커다란 과오를 범했다. 「양산 '덜겅이'와 '덜께기'」 라는 글을 쓰면서 양산가의 가사를 발견한 것처럼 기고만장했다. 얼마나 어리석었던가!

글을 쓴 후 잊어먹고 있다가 근래에 우연히 양산가는 그 가사와 곡이 조선의 성리학자 김종직이 쓴 작품이라는 것을 발견하고 부끄러움을 금할 수가 없었다.

속죄하는 뜻에서 김종직의 칠영에 대해서 글을 쓰기로 했다. 그 첫 번째 글이 회소곡에 관한 글이다.

회소곡會蘇曲

회소곡會蘇曲 회소곡會蘇曲

서풍취광정西風吹廣庭	명월만화옥明月滿華屋
왕희압좌리소거王姬壓坐理繅車	육부여아다여족六部女兒多如簇
이광기영아광공爾「既盈我筐空	시주야유소상학釃酒揶揄笑相謔
일부탄천실권一婦嘆千室勸	좌금사방근저유坐今四方勤杼柚
가배종실규중의嘉俳縱失閨中儀	유승발하쟁학학猶勝跋河爭嗃嗃

회소곡 회소곡

서풍이 넓은 뜰에 부니. 밝은 달이 화려한 집에 가득하네.

왕희가 윗자리에 앉아 물레를 돌리니, 육부의 계집 여아들 많기가 대 떨기 같았네.

네 광우리는 이미 찼는데, 내 광우리는 비었구나. 술 빚어 놓고 야유하고 웃으며 서로 농담한다.

한 지어미가 탄식하매 일천집이 권장되니, 앉아서 사방으로 하여금 길쌈을 부지런히 하게 하네.

가배 놀이가 비록 규중의 예의는 잃었으나, 오히려 발하수의 다투어 학학하는 것보다 났다.

* 회는 모일회. 소는 소생하다. 쉬다의 뜻

한문으로 쓴 시지만 번역해 놓은 시를 읽으니 새삼스럽게 시의 아름다움을 느끼게 한다. 그림을 보듯 눈에 선하다. 옛 선조들의 정서가 어떠했으며 우리말의 아름다움을 새삼스럽게 느끼게 하는 좋은 시이다. 그 당시 선조들의 정서가 온갖 스트레스에 시달리는 현대인들보다 풍부했던 것 같다. 서정적인 아름다움을 느끼게 한다.

회소곡: 신라 유리왕瑠璃王 9년 이후에 지어진 것으로 추정되는 악곡으로, 일명 '회악會樂'이라고도 한다. 그 곡과 가사는 전하지 않으며, 관련 설화만이 《삼국사기》 유리왕 9년 조에 전한다. 왕이 육부(六部)를 편성하고 육부의 여자들을 모아 두 편으로 나누어, 왕녀 두 사람으로 하여금 각기 한 편씩을 거느리고 길쌈을 하게하였다. 이들은 7월 보름부터 날마다 대부大部의 뜰에 모여 길쌈을 하여 8월 한가위에 그동안의 성적으로 승부를 가렸는데, 진 편에서 음식을 마련하여 이긴 편을 대접하였다. 이때 진 편에서 한 여자가 일어나 춤을 추며 '회소會蘇'라는 후렴구를 붙여 노래하였는데 그 노래가 구슬프면서도 아름다웠으므로, 뒷사람이 그 소리를 기본으로 노래를 지어 〈회소곡〉이라고 이름하였다고 한다. 《三國史記 卷1 新羅
《三國史記 卷1 新羅本紀 儒理尼師今》, 《增補文獻備考 新羅歌樂試攷》

(2019)

향가鄕歌(사뇌가)의 탄생과 몰락

향가에 관심을 갖다보면 어떻게 이두와 향찰이 신라에서 발달했는가? 왜 향가를 우리문학의 고전으로 생각하는가? 또 고려초기까지 이어져 오던 향찰과 이두가 사라지고 말았는가? 하는 의문을 갖게 한다.

한글이 창제되기 전까지 우리는 우리말은 있었으나 우리글이 없었다. 그래서 한문을 빌어 우리말을 글로 적은 것이 향찰과 이두, 구결이다.

다음 글은 나무위키에 나오는 설명문이다.

> 한글이 창제되기 전 한국어를 표기하기 위해 사용되었던 표기 방식.
>
> 이두
> 고대부터 조선말까지 약 2천년간, 한글 이전에 가장 오랫동안 널리 사용되었던 한국어 표기 체제.
>
> 향찰
> 넓게 보아 이두의 한 종류로 신라시대 향가로 사용되었다. 이두보다 더 구체적이고 다양한 방법으로 고대 한국어를 표기했으나 그만큼 더 복잡했고 고려초 중기부터 점점 쓰이지 않게 되었다.
>
> 구결
> 한문 문장에 토를 달아 메모하는 용도로 주로 사용되었다. '토를 단다'의 토따가 구결을 의미한다

> 서기체
> 이두, 향찰의 원형으로 원삼국시대 때 쓰였으며 형식 형태소 표기는 발달되어 있지 않고 단지 한문의 어순만을 우리말식으로 바꾼 것이다. 서기체로 쓰인 대표적인 문헌으로 임신서기석이 있다. 일본에도 변체 한문체變體漢文體, 変体漢文体라 하여 한문 어순을 일본어 어순에 맞춰 쓰고 한자만으로 쓴 비슷한 방식이 있었다.
>
> -나무위키에서

위의 문장에서 유추할 수 있는 것은

이두는 한글이 나오기 전까지 사용한 우리글이라는 점
고대에 이두, 향찰, 구결, 서기체가 있었다는 점
향찰이 사라진 이유는 복잡하고 불편하여 점차 쓰이지 않게 되었다는 점.
(대신 한문을 사용하게 된 점은 안타가운 일이다)
원 삼국에도 서기체라는 우리말 표기법이 있었다는 점
원 삼국뿐만 아니라 발해, 일본 등 중국 주변국에서도 이두와 비슷한 문자가 있었다는 점.

향가란 무엇인가? 하는 점부터 알아보기로 하자. 향가는 신라 때의 노래를 향찰로 기록한 시가이다. 향가는 고려 초기까지 유행했다. 향가는 승려, 화랑을 포함하여 다양한 계층의 작가 층에 의해서 지어졌다. 내용은 불교, 정치, 민요의 성격을 띠었고 주술의 내용을 포함했다. 그러므로 많은 작품이 있었다.

좀 거론하기 힘든 이야기지만 신라와 고려 초기의 시가를 향가라고 부른 이유는 신라 때 중국을 당唐이라 한 데 대해 신라를 향鄕이라 나추어 부른 감이 있다. 따라서 중국의 한시에 대해 신라의 시가를 향가라 칭하였다.

한자가 언제 우리나라에 들어왔는가는 분명하지 않지만 삼국시대 이전에 이미 한자가 전래된 것으로 보인다. 신라, 고구려, 백제가 국사를 기록하고, 기념비를 세우는데 한문을 사용한 증거가 충분히 있다.

중국 글자인 한자는 기원전 15세기의 갑골문자에서 부터라고 한다. 이렇게 오래된 한자가 통일신라시대 뿐 아니라 고려시대에도 크게 두 가지 문자로 사용하였다. 하나는 정통 한자이고 다른 하나는 차용借用 한자이다. 정통 한자는 한자를 중국 사람들과 똑같이 문학작품을 짓는데 사용하는 것이고, 차용 한자는 이두와 향찰처럼 우리말을 적는 표기이다.

이표기 체계를 한자차용표기체계漢字借用表記體系라고 한다. 다음 표는 이해를 도울 것이다.

한자차용표기체계漢字借用表記體系
—-- 어휘표기---------------- -----借名
문장표기-------번역문----완전번역-釋讀口訣
부분번역-順讀口訣
창작문----완전창작-鄕札
부분창작-吏讀

* 차자 표기법借字表記法은 한자의 음과 훈을 빌려, 한국어를 기록하던 표기법을 말한다. 한자차용표기법이라고도 한다. 이는 향찰鄕札·이두吏讀·구결口訣·군두목軍都目 등이다.

-국사편찬위원회

다시 강조해서 말하지만, 초기 노래인 향가鄕歌를 적은 표기체계를 향찰鄕札이라 하고, 이두는 종鐘에 주조하거나 탑·비塔·碑에 새긴 금석문, 공문서에 주로 쓰였다.

통일신라시대의 문학의 주류는 향가이다. 신라 삼대문장가인 강수와 설총은 향가 작가이며 향가와 깊은 관계가 있으나 유학파인 최치원은 향가문학과 반대되는 문학 장르를 개발했다. 당시唐詩와 다른 독특한 한문문학이다

향가의 전통은 고려 전기까지 변함없이 내려왔고 고려 4대 광종 때 균여는 대표적인 향가 작가이다.

광종 때 과거 제도가 도입되면서 한문학이 성하게 되었다. 지식인들은 점차 당·송의 한문학을 숭상하는 사대주의가 태동하였다. 당·송 문학의 경도는 향가의 쇠퇴를 가져왔다. 당시 귀족계급은 차츰 사대주의, 보수주의로 바뀌었다.

그렇다고 해서 향가가 완전히 몰락한 것은 아니었다. 고려 후기에는 향가의 형식을 계승한 경기체가가 등장하였다. 작품으로 한림별곡, 관동별곡, 죽계별곡 등이 있다. 시가 문학으론 어부가가 있다. 또는 장가 또는 속요라고 불리는 민중의 노래가 유행하였는데, 청산별곡, 쌍화점 등의 작품이 전한다.

고려 중기 이후 이인로의 파한집, 최자의 보한집, 이제현의 역옹패설 등 수필 문학과, 임춘의 국순전, 이규보의 국선생전, 이곡의 죽부인전 등 사물을 의인화한 설화 문학이 등장하면서 한문학은 더욱 세를 얻게 되고 이로 인하여 향찰과 이두는 쇠망의 길을 걸을 수밖에 없었다. 그 이유는 요약하면 다음과 같다.

※ 중국 문화의 전파로 벼슬아치들의 한자·한문 우월주의
※ 과거제도 도입에 따른 한문학의 발전
※ 향찰과 이두 언어자체에 복잡하고 불완전한 요소가 있음
※ 산스크리트 언어처럼 난해하여 타국까지 파급되지 못함

이두는 비록 불완전한 문자로 보이지만 한글이 없던 시절에 이두를 사용한 사람들은 특별한 불편 없이 의사전달이 이루어졌다. 이러한 이두표기는 시대의 흐름에 따라 두 가지 방향으로 발전하였다. 하나는 과거의 관행에 따라 고정적인 상투어가 생긴 것이고, 다른 하나는 좀더 정교한 표현을 강구하여 어미나 격조사의 표기가 정밀해진 것이다. 이 두 가지 모순된 발전이 이두가 지니는 문자 상의 특성이라 하겠는데, 결국 이 모순을 극복하여 언문일치言文一致를 추구하려는 노력이 조선시대에 들어와 훈민정음의 창제를 가져오게 되었다.

향가의 풀이는 오구라 신페이가 주해를 달았다. 그 뒤 양주동의 연구를 출발로 많은 학자들이 연구 발표하였다.

결론은 한글창제를 조금이라도 폄하할 의도는 추호도 없지만 한글창제는 하늘에서 떨어진 것이 아니고 그 시발점은 고대 삼국인들의 우리말을 우리글로 쓰고자하는 강한 욕망에 있었고 그 점이 세종대왕에 의해서 꽃피워진 것이다.

(2020)

요상한 꽃이름 나무이름

내가 가지고 있는 책 중에서 요즈음 가장 아끼는 책은 이영노 작 『원색 한국식물도감』 이다. 이영노는 이창복과 같이 우리나라 식물분류학계의 양대 거목으로 알려진 인물이다.

그는 우리나라 전역을 안 가본 곳이 없을 정도로 누볐고 한라산은 250회 올랐으며 북녘의 식물을 찾아 백두산도 20회나 올랐다고 한다. 우리 꽃과 나무 150여종을 찾아 이름을 지어주었다.

선생은 1920년에 태어나 지병으로 2008년 88세로 생을 마감할 때까지 오로지 식물연구에 몰두했다. 『원색 한국식물도감』은 그의 역저로 총 197과 4,157종의 사진과 해설을 써놓아서 완벽하다고 할 수가 있다.

내가 가지고 있는 책은 2002년 5판 발행으로 1,269페이지에 일금 19만원을 주고 샀으니 단행본으로는 가장 비싼 책이다.

이 책에는 인터넷에도 나오지 않는 많은 종류의 식물들이 수록되어 있다. 식물에 대해서 알아보고 싶은 게 있으면 이 책이 대답을 해준다. 식물학의 사전 같은 아주 귀한 책이다.

꽃이름 나무이름을 알아가다 보면 민망한 이름도 많다. 대표적인 게 며느리밑씻개이다. 며느리가 얼마나 미웠으면 이런 이름을 붙였을까? 이름에 반하여 꽃은 앙증맞고 예쁘다. 이 이름 말고 민망스런 이름은 소경불알, 중대가리풀, 큰개불알풀, 개도둑놈의 갈고리...... 등이 있다. 해학과 애환이 서린 이들 식물의 이름은 과연 누가 지었을까? 이런 쪽에는 무지했는데 인터넷을 찾아보고 흥미가 발동했다.

김민철의 꽃이야기가 그 대답을 하고 있다.

우리나라 식물분류학의 초석을 놓은 정태현(1883~1971) 등 4명은 조선박물연구회를 만들어 전국 팔도를 다니며 식물명을 채집하고 고문헌에 나오는 식물 이름까지 반영해 가장 적합한 이름을 골랐다. 여기에 필요에 따라 식물의 모양·색깔·냄새·맛 등 특징을 반영해 형용사 등을 붙여 종(種)을 구분했다. 따라서 이 책에 나오는 대부분의 식물 이름은 이미 오래전부터 우리 조상들이 붙여서 사용해온 이름 중에서 고른 것이다.

산에서 나무하는 남정네, 밭에서 풀을 뽑는 아낙네 등 필부필부(匹夫匹婦)들이 식물의 이름을 붙였을 가능성이 높다. 우리 식물명은 오감(五感)을 총동원한 것이고, 해학이 넘치고 정겨운 이름들이다. 다른 분야보다 우리 고유어들이 풍부하게 남아 있는 것도 우리 식물명의 특징이다. 물론 이름 유래를 알 수 없는 식물도 많고, 일부는 일본 이름을 번역했다는 시비에 휩싸여 있다.

'조선식물향명집'에 수록된 식물명은 2000여종인데 현재 이름이 알려진 우리나라 자생 식물은 대략 4000여종이다. 따라서 나머지 2000여종의 이름은 근래에 식물학자들이 산하를 다니며 정리한 결과물이라고 할 수 있다. 그런 작업을 한 대표적인 식물학자는 '우리나라식물명감'의 박만규, '대한식물도감'을 낸 이창복, '한국식물도감'을 낸 이영노 등을 꼽을 수 있다. 이처럼 우리 자생식물 이름 하나하나에는 조상들의 해학과 애환, 식물학자들의 열정이 담겨 있다고 생각하니 숙연한 마음이 생긴다.

- 김민철의 꽃이야기에서

이들 거북한 식물이름을 문화어로 바꾸어 부르자고 해서 '소경불알'은 '너도더덕꽃'으로 '며느리밑씻개'는 '가시덩굴여귀'로 '큰개불알풀'은 '봄까치꽃'으로 부르자고 한다. 그러나 반대하는 학자들도 있다. 이미 지어진 이름인데 자꾸 바꾸는 것은 혼선을 가져오고, 서민들의 인간관계 고달픈 삶이 녹아있는 이름인데 좀 민망하다고 해서 바꿀 필요가 없다는 것이다. 어느 쪽이 맞는지 잘 모르겠다. 개인 의견을 말할면 나는 보수성향이라 그냥 두는 쪽이다.

식물학자 네 분은 다음과 같다.

정태현鄭台鉉 (1882년-1971년)은 대한민국의 박물학자, 식물학자다. 일제강점기 때부터 활동했다.
박만규朴萬奎 (1906년-1977년)은 〈우리나라식물명감〉 〈식물학개론〉
이창복李昌福 (1919년 -2013년)은 대한민국의 식물분류학자이다. 〈대한식물도감〉
이영노李永魯 (1920년-2008년)은 대한민국 식물학자 〈한국식물도감〉

이 글을 쓰면서 대한민국 식물학계의 거목 네분을 안 것은 대단한 수확이다.

(2020)

제 2 권

영화감상

제 1 부 명화『대부God Father』 감상

『마농의 샘』

『마농의 샘』이라는 영화를 TV를 통해서 미니 시리즈로 보았다. 그래서 밤에 이틀간이나 12시가 넘어서 잘 수밖에 없었다. 첫날은 비교적 시청을 잘 했지만 둘째 날은 제삿날이라 중간 부분은 볼 수가 없었다. 그러면서도 그 감흥이 이렇게 오래 남아 있는 것은 그 영화가 명화이기 때문인 것 같다. 10시가 넘어서 방영되는 텔레비젼 영화는 여간해서 보지 않는 것이 요즈음의 내 생활 방식이다. 영화의 질도 질이려니와 낮에 격무에 시달리다보면 잠을 충분히 자는 것만이 건강을 유지하는 비결이라고 나름대로 생각하기 때문이다.

『마농의 샘』은 영화의 제목이 말해주듯 프랑스 영화이고 KBS가 창립 20주년 기념 미니 시리즈로 방영하였다. 우선 요새 유행되는 폭력물이 아니고, 전쟁물도 아니고, 첨단 기기를 이용한 공상 과학 영화도 아니라는 데 호감이 갔다.

나는 젊었을 한 때는 영화광이었다. 그러나 나이를 먹고 시간적 여유도 없어지고 낭만과는 거리가 먼 50대에 속하다 보니, 영화와는 멀어지는 것이 자연스러운 일인지 모른다. 그러나 자주는 아니지만 가끔 가는 영화 관람은 즐거움을 주었다. 주책 같지만 아직도 가끔은 영화 감상을 하고 싶은 것이 내 솔직한 심정이다.

『마농의 샘』을 처음 본 날은 딸애가 밤 10시가 넘어도 안 들어오기에 기다리는 무료한 시간을 텔레비전을 보는 시간으로 때우려고 했었다. 물론 저녁을 먹고 오기 때문에 좀 늦겠다는 전화 연락은 받았었다. 딸이 밤에 안 들어온 상태에서 부모가 잠을 잘 수는 없는 노릇이었다. 거실에 있는 텔레비전을 켰다. '사랑'자가 들어가는 국산 연속극을 보다가 좀 싱거워서 신문의 프로를 뒤적이다가 '마농의 샘'이 눈에 띄어 채널을 돌렸다. 프랑스 영화인데다가 이미 고인이 되었지만 그 명성을 세계에 떨쳤던 이브 몽땅이 출연했던 영화라는 데에 먼저 호기심을 느꼈다. 영화는 이미 시작되어 한 참 진행 중이었다.

화면이 작아 영화관에 가서 보는 것만은 못했지만 우선 편하게 누워서 볼 수 있다는 점이 좋았다. 그리고 차와 과일을 먹으면서 식구들끼리 명화를 볼 수 있다는 점도 좋았다. 서로 영화의 장면에 대하여 의견을 나누어 가며 영화를 감상한다는 것이 제일 좋았다. 이러한 것은 어쩌면 현대인들만이 갖는 조그만 한 가정적인 행복이 아닐까 하고 생각했다. 11시가 지나자 아파트 창문 불빛은 차츰 꺼지고 밤은 점점 깊어갔다.

무대는 남 프랑스의 한 작은 농촌 로마랭이었다. 프랑스풍의 독특한 아름다움은 간직하고 있는 한가로운 농촌이었다. 그 속은 가끔 아프리카에서 열풍이 불어와 다 된 농작물을 말렸다. 또한 가뭄이 극심해 농사에 아주 부적절한 고장이었다. 이러한 지역적인 특성 때문에 농사는 자연과 인간의 싸움이었다. 그리고 농사를 지으려면 필연적으로 샘이 있어야 했다. 그 마을에는 깊은 산 속에 수량이 풍부한 샘이 하나 있었다. 그 샘은 그 마을 사람들의 식수뿐만 아니라 농사를 짓는 그야말로 생명수였다.

군에서 제대한 유고랭은 고향으로 돌아와 카네이션을 재배하려 한다. 그러나 토지가 없는 그는 삼촌인 세바르 슈베랑에게 상의한다. 비크부비그는 험준한 산 속 계곡에 풍부한 수량의 천연의 샘이 있는 좋은 농장을 갖고 있었다. 그 유일한 샘이 탐이 난 유고랭과 삼촌은 농장주인 비크 부비크를 만나 사소한 시비 끝에 살해하고 만다. 그들은 비브 부비크가 나무에서 떨어져 죽은 것으로 위장을 해서 법망을 피한 뒤 물과 토지를 독점하기 위해 흉계를 꾸며 샘을 막아 버린다. 그 농장은 상속자인 플로레트 장의 소유가 됐다. 꼽추인 그는 도시 생활에 환멸을 느끼고 농사를 짓기 위해서 아내와 딸 마농을 데리고 로마랭으로 온다. 그는 학식이 있는 사람으로 농사에 대해서도 새로운 기술을 알고 있었으나 가뭄과, 가뭄을 해결할 수 있는 샘을 찾지 못해서 결국 망하고 만다. 그가 망하도록 결정적인 역할을 한 사람들은 물론 유고랭과 그의 삼촌 세바르 슈베랭이다. 플로레트 장은 그들의 토지를 빼앗으려는 흉계에 걸려서 샘을 파다 다이너마이트의 폭발로 인하여 바위 파편에 등뼈를 맞아 죽는다. 아버지가 죽은 후 마농은 우연히 산에 가서 세바르 슈베랑과 유고랭이 막은 샘의 물길을 목격하고 흉계의 비밀을 눈치 챈다.

야성미 넘치는 아름다운 처녀로 성장한 마농은 양을 치며 숲 속에서 살아간다. 그녀의 깊은 마음속에는 아버지를 죽게 한 원수들에 대한 복수심으로 가득 차 있다. 마농은 산 속에서 양을 치며 10년간 살았기 때문에 샘의 물줄기를 환히 알게 된다. 한편 유고랭은 카네이션 재배로 큰 성공을 거두고 평화로운 나날을 보낸다. 어느 날 마농을 본 유고랭은 깊은 사랑에 빠진다. 그러나 마농은 마을의 신임 교사 베르나르를 흠모하게 된다. 유고랭은 그녀에게 사랑의 고백과 청혼을 한다. 그러나 일언지하에 거절당한다. 그는 실연에 미칠 것 같은 나날을 보낸다.

한편 샘의 비밀을 알고 있는 마농은 샘의 더 큰 근원지를 찾아(깊은 동굴 속에 있음) 유고랭과 그의 삼촌 세바르 수베랑이 한 것처럼, 샘을 막아 버려 마을에 샘물이 나지 않아 농사는 물론 사람들도 물을 마실 수 없어 갈증으로 마을은 발칵 뒤집힌다. 이로 인하여 유고랭과 그의 삼촌의 일을 폭로시켜 진실을 밝힌다.

유고랭은 실연과 양심의 가책으로 자살하고 마농과 베르나르는 결혼에 골인한다. 혈육 하나 없는 세바르 수베랑은 그가 죽인 거나 다름없는 플로레트 장이 자기의 아들임을 알게 된다. 그가 군대 가기 전에 옛 애인과의 사이에서 낳은 유일한 혈육이었음을 애인의 어머니로부터 듣고 회한의 눈물을 흘린다. 세바르 슈베랑이 아프리카에서 근무할 때, 옛 애인이 임신을 알리는 그에게 쓴 편지는 아프리카의 오지까지는 전달될 수 없었다. 깊은 절망에 빠진 그는 드디어 병에 걸린다. 그의 손녀인 마농에게 모든 비밀을 고백하고 용서를 빌며 전 재산을 남긴다는 편지를 쓰고 죽는다.

이 영화는 샘을 중심으로 일어나는 인간의 음모와 생사, 가뭄을 극복하려는 무모한 의지, 그리고 인간의 애증과 자연의 가혹함, 비극적인 인간의 운명이 적나라하고 밀도 있게 영상화되어 진한 감동을 주었다.

이 영화의 예술성은 줄거리 자체에 있는 것이 아니고 어떤 상징성과 인간의 많은 이야기를 담고 있다는 점이 다른 영화와 다르다. 조금 더 깊게 생각해 보면 샘은 단순한 샘이 아니고 상징화된 어떤 것이다. 다시 말하면 샘은 다른 생명의 목줄로 변화할 수 있음을 느끼게 된다. 그리고 비극적인 주인공의 한 사람인 플로레트 장을 꼽추로 만든 그 자체에도 상징적인 요소가 숨겨져 있는 것 같다. 인체 가운데 중추적인 역할을 하는 등뼈의 고장이 이미 예언된 비극으로 보인다. 그리고 그 꼽추가 하필이면 등뼈에 돌을 맞아 죽게 만든 것도 무엇인가 강조하고 싶은 의도가 엿보인다. 샘과 등뼈는 어떤 함수 관계가 있는 것이 아닐까? 이 영화는 고도로 면밀하게 구성된 작품인 것 같다. 낡은 주제이지만 권선징악, 전쟁의 피해 등도 이 영화는 갖고 있다.

모처럼 좋은 영화를 보았기에 감동을 정리해 보았다.

명화 『트로이』를 보고나서

『트로이』라는 명화를 모처럼 극장에 가서 감명 깊게 보았다. 관객의 99%가 젊은이들인 극장에 나 같은 늙은이가 간다는 것이 좀 쑥스러웠다.

내가 잘 아는 화가를 5월 말경에 만났을 때, 그는 『트로이』를 보았노라고 말했다. 그 화가는 영화에는 별 취미가 없는 걸로 알고 있는데 의외로 생각되어 '영화가 재미있었는지?' '좋은 영화인지?' 물어보았다. 그는 '볼만한 영화' 라고 대답했다. 그로부터 며칠 후에 딸애도 「트로이」를 보았다며 아빠도 보라고 말했다. 내가 좋아할 영화라며

신문에 『트로이』라는 영화 광고가 커다랗게 난 것을 본적이 있었는데, 물론 무심히 지나쳤다. 요즈음 내 생활에서 영화는 멀어진 세계이기 때문이다. 그러니 인기 있는 영화감독도 유명한 영화배우도 알 턱이 없었다. 그런데 딸애의 권고도 있어서 모처럼 극장에 갔었다. 극장에 전화를 했더니 상영시간에 오면 관람할 수 있다고 말했다. 12시 20분이 영화상영 시간이라 5분을 남겨놓고 들어갔다. 극장 안은 텅 비었다. 다만 바로 내 앞에 들어가는 사람이 두 사람 있었다. 어머니와 딸 같았다.

나는 무심결에 '아무도 없네.'라고 말했다. '호 호, 우리는 사람 아닌가!' 친근감을 주는 말이었다. 그들은 맨 뒷줄에 앉았다. 홀 안이 어두워서 자리를 찾을 수 없었다. '이 자리는 어디입니까?' 하고 나는 표를 내 밀었다. 그들은 친절하게 자리를 봐주었다. 바로 그녀들의 앞자리였다. 방해가 될 거 같아서 자리를 비켜 앉았다.

"옛날에 『트로이의 헬레네』라는 영화가 있었는데, 여주인공이 아주 예뻤어. 이름이 누구인지 기억이 안 나는데 이 영화의 다이앤 크루거보다

더 예뻤어.” 엄마가 딸에게 한 말 같았다. “남자 주인공은 누구야.” “생각이 안 나네.” 나는 비우 좋게 “언제 보셨습니까?”하고 끼어들었다.

“한 40년 됐을 거예요.” 그 소리를 들으니 희미하게 나도 본 듯한 생각이 났다. TV에서라도 본 듯했다. 『트로이의 목마』가 생각났다. 나 역시 남주인공도 여주인공도 누구인지 기억이 나지 않았다. 그 순간 (대단한 영화광이구나!) 하는 생각이 들었다. 60년대 초면 나와 비슷한 시대의 사람 같았다.

한 때 나도 영화광인 때가 있었다. 젊은 20대인 60년대 초였다. 그때는 좋은 영화도 많았고 다른 취미도 없어 극장에 많이 다녔다. 나뿐만이 아니고 그 당시 젊은이들의 공통된 경향이었다. 내 뒤에 앉아있는 올드 팬도 마찬가지였을 것이다. 나이 탓인지 사실 요즈음 영화에는 별 관심이 없다. 올드 팬들이 좋아하는 영화가 없다. 올드 팬들은 인생의 깊이가 담겨있거나 순수한 사랑 영화를 좋아하는 편이다. 그런 영화가 나오지 않는 것이 현실이다. 영화도 산업인 만큼 손익을 계산하지 않을 수 없을 것이다. 주 고객인 젊은이들이 좋아하는 그런 영화를 만들어야 할 것이다.

옛날에 본 감명 깊은 영화가 보고 싶어 비디오 가게라도 모처럼 찾으면 낯 뜨거운 영화들만 눈에 뜨인다. 옛날에 별로 보지 않은 서부영화라도 혹시 있나 싶어 찾아도 없단다. 그러니 유명한 영화제에 가서 상을 탔다는 국산 영화도, 관객동원이 얼마를 넘었다는 외화도 그러려니 하고 외면했다.

『트로이』는 『일리아드』를 각색해서 제작한 영화라는 점은 누구나 짐작할 수 있을 것이다.「일리아드」는 우리가 알다시피 호메로스의 작품으로 세계문학전집 제 1권으로 늘 선정되는 유명한 서사시다. 말할 것도 없이 인류 최고의 고전이다. 따라서 훌륭한 영화감독이라면 이 작품을 가지고 영화를 만들고 싶은 의욕이 생길 것이다.

관객들이 차고 불이 꺼진 뒤 영화가 시작되었다.「트로이」는 60년대 초에 본『벤허』에 버금가는 감동을 주는 좋은 영화였다. 장중한 입체 음악과 웅장한 스케일의 화면은 관객을 압도했다. 한시도 긴장을 늦추지 않는 전투장면과 숨소리조차 들리지 않는 관객들의 관람태도가 과연 명화임을 말해주었다.

겉으로 나타난 것은 전쟁이지만 내면 깊숙이에는 인간의 이야기를 담고 있었다. 동서고금을 통한 인간의 불변의 주제인 사랑과 분노, 삶과 죽음, 전쟁과 영웅, 영웅들의 비극적인 생, 고대인들의 내세관, 애국심과 가족애, 고뇌와 허무 등을 표현하려고 노력한 점이 엿보였다. 훌륭한 배우들의 적절한 배역과 불을 뿜는 연기와 수많은 엑스트라들은 이 영화를 더욱 돋보이게 했다. 고대의 전쟁 영화인만큼 대규모의 다양한 전투장면은 전쟁의 참혹함을 여실히 보여주었다. 눈이 부시게 푸른 빛깔의 바다와 넓은 해변, 황량한 모래벌판의 싸움터에 널려있는 병사들의 시신과 시체를 불태우는 화장하는 장면이 여러 번 나와 분위기를 숙연하게 만들었다. 저승 노자 돈인 금화로 눈을 감겨주는 장면도 인상적이었다.

이 영화의 바탕이 시인만큼 간간이 나오는 대사들도 의미심장했고 감칠맛이 있었다. 그러나 이 영화의 백미는 웅장한 전투장면도 아니고 난공불락의 트로이 성을 목마를 이용해서 점령하는 것도 아니고, 아킬레스가 아가멤논으로부터 전쟁 포로이지만 사랑하는 여인(이름이 생각나지 않음)을 구하고 파리스가 쏜 화살에 맞아 죽는 영웅의 최후도 아니다. 또한 불세출의 전쟁영웅 아킬레스와 트로이의 영웅 헥토르와의 일대일 대결도 아니다.

내가 보기로는 아킬레스가 헥토르의 시신을 밧줄로 전차에 매달아 승리자임을 과시하며 막사로 끌고 가는 장면과 그것을 바라보는 트로이 왕과 헥토르의 아우인 파리스, 헥토르의 아내와 헬레네의 비통해하는 표정, 이에 반한 아킬레스의 승리자의 표정. 그 표정 뒤에 숨겨진 인간적인 고뇌. 그 후 헥토르의 아버지인 프리아모스왕이 단신 적진에 잠입, 적장인 아킬레스의 양손에 입을 맞추며 그대는 훌륭한 전사이니 내 아들인 헥토르의 시체를 돌려달라고 애원하는 장면, 자기는 아들이 죽는 장면을 본 불행한 왕이라는 이야기며 아킬레스의 아버지를 잘 안다면서, 그대의 아버지는 전장에서 일찍 죽었지만 아들이 전쟁에서 죽는 것을 안 봤기 때문에 행복하다고 말하는 장면. 이에 감동하여 아킬레스가 헥토르의 시신 앞에서 눈물을 흘리며, 적국의 왕이 나의 왕보다 훌륭하다면서 시신을 주어 보내는 장면과 아킬레스가 전쟁포로인 여인에게 사랑을 느껴 자유롭게 놓아주는 장면 등에서 관객들은 아마 눈물을 흘렸을 것이다.

물론 이 영화는 부적절한 면도 더러 있다. 『삼국지』라면 헥토르가 자기가 질 싸움인 것을 뻔히 알면서 아킬레스와 그렇게 무모하게 정면 대결을 할 필요가 있었을까? 그리고 그가 죽지 않았다면 트로이는 함락되지 않았을지도 모른다. 그런데 단지 영웅의 자존심 때문에 모든 것을 걸 필요는 없었을 것이다. 전쟁은 원칙도 규정도 염치도 없는 것이기 때문이다. 『삼국지』의 영웅들은 『트로이』의 영웅들 보다 현명했다. 그런데 이상한 것은 『삼국지』가 그렇게 많이 팔리는데 어째서 『트로이』수준의 영화가 안 나오는 걸까. 동양과 서양의 차이인가.

『트로이』는 전문가들이 보기에는 어떤지 몰라도 이만하면 명화에 속하는 좋은 영화였다.

이 영화는 새삼스럽게 인간에게 전쟁이란 무엇이며 영웅은 누구인가? 하는 물음을 던져주었다. "언제까지 싸울 건데요?"여인의 물음에 "죽을 때까지, 영웅이니까." "왜 영웅이 됐어요."여인의 물음에 "되고 싶어서 된 것이 아니야. 태어난 거지." 아킬레스의 말.

현대전이나 과거의 역사에 묻힌 전쟁이든 간에 전쟁은 사소하게 시작해서 영웅들을 탄생시키고 전쟁의 그 큰 아가리는 결국 그 영웅을 삼켜 버린다. 처참한 과정과 상상을 초월하는 파괴, 인간의 악마 성을 적나라하게 표출하고 결국 허무하게 끝나는 속성이 있다. 전쟁이 끝난 후에는 폐허만 남을 뿐이다.

전쟁을 경험한 일이 없는 오늘을 사는 젊은이들이 이 영화를 보고 전쟁을 직시했으면 좋겠다. 오늘의 젊은이들은 『바람과 함께 사라지다』의 젊은이들처럼 전쟁을 낭만적으로 보는 경향이 있다.

『트로이』전쟁도 마찬가지이다. 적국의 왕자와 왕비의 무모한 사랑과 아내를 빼앗긴 한 영웅의 분노가, 결국 『트로이』전쟁을 일으키는 원인이었고 이 사소하게 시작된 전쟁은 10년을 끌었고, 이 전쟁으로 인하여 수많은 생명과 재산을 잃고 주인공 대부분이 죽음으로 끝을 맺는다. 종말은 비극적이다. 다만 비겁자인 파리스와 헬레네만을 살려두었다. 사랑의 도피행각을 하도록. 파리스는 불륜의 사랑을 따르기 위해서 왕관도 버린다. 역설적인 말일지 모르지만, 이 세상을 유지하는 것은 영웅이 아니고 이렇게 못난 사람임을 강조하는 것 같았다.

영화가 끝나고 한참 앉아있다 나오는데 그 올드 팬이 『트로이의 헬레네』의 여주인공이 누구라고 말해주었다. 나는 잘 모르는 여배우였다. 두 영화의 비교가 어떤지 물어보았다. "아무래도 지금 것이 낫겠지요." 그녀의 눈이 축축이 젖어있었다.

"『일리아드』와 줄거리가 많이 다르네.". 딸의 말에 "그거야 상관없지." 올드 팬의 대답이었다. 내 생각도 그랬다. 그거야 문제가 될 까닭이 없다. 한 문학작품에서 생각이 다른 영화감독은 얼마든지 변경해서 좋은 영화를 여러 편 만들 수 있다고 생각하기 때문이다.

이 영화를 본 후에 문학작품과 영화를 생각해보았다. 영화산업이 호황을 누리는 마당에 문학작품은 공기처럼 잊혀져가고 있다. 그러나 어디까지나 좋은 문학작품에서 좋은 영화가 태어날 수 있다. 영화는 문학작품의 자녀이기 때문이다. 따라서 아무리 훌륭한 영화라도 문학작품을 영화에 다 담을 수는 없다. 자녀의 사랑이 부모의 사랑의 몇 분의 일에 불과한 것처럼.

세계문학포럼에 온 프랑스의 소설가의 다음과 같은 말이 기억 난다. 트로이 전쟁과 몽골의 정복 전쟁은 비교가 되지 않으나 트로이 전쟁은 탁월한 시인 인 호머가 있었기에 역사에 길이 빛나지만 몽골의 정복전쟁은 규모면에서 월등하게 크고 웅대하지만 호머 같은 시인이 없어서, 하다못해 남아있지 않다는 말이 생각났다.

명화『대부God Father』 감상

요즈음 영화는 올드 팬들에게는 식상하다. 명화다운 명화가 없다. 좀비영화와 B급 영화가 부상하기 때문이다. 물론 지금은 대부분의 영화 팬들이 이런 류의 영화를 선호한다.

웬 바람이 불었는지『대부』를 보고 싶었다. 대부하면 말론 브랜도를 연상한다. 그는 2004년 7월 1일에 타계했다.

말론 브랜도는 수많은 영화에 주연을 맡았고 2회에 걸친 남우주연상(한 번은 거절)을 받았으며, Brando Connection을 보면 동료, 후배 배우들에게 지대한 영향을 끼친 훌륭한 배우였음을 알 수 있었다.

그는『대부The Godfather』 이외에『욕망이라는 이름의 전차A Streetcar Named Desire』『워터 프론트On The Waterfront』『지옥의 묵시록Apocalypse Now』『파리에서의 마지막 탱고Last Tango in Paris』등 영화사에 길이 남을 명화를 남겼다.

금년은 겨울밤이 몹시 춥다. 이런 밤에『대부』를 다시 보았다. 물론 집에서 보는 영화이다. 조용한 거실에서 소주잔을 기울이며 고독을 즐기면서 명화를 감상하는 것도 낭만이다.

『대부』는 편마다 독립되어 있기 때문에 따로따로 보아도 무방하다. 그러나 좀 더 잘 감상하기 위해서는 ⅠⅡⅢ편을 다 보는 것이 좋다.

『대부Ⅰ』은 1972년에,『대부Ⅱ』는 2년 뒤인 1974년에,『대부Ⅲ』은 20년이 지난 1990년에야 제작되었다.

『대부』는 마피아를 소재로 한 마리오 푸조의 소설『Mario Puzo's The Godfather』를 원저자의 각색으로 만든 영화이다. 소설 그 자체가 흥미롭기 때문에 영화도 역시 재미있다. 감독은 유명한 프란시스 포드 코플라Francis Ford Coppola 이다. 출연배우는 말론 브랜도, 알 파치노, 다이언 키튼 등 쟁쟁한 배우들이다. 알 파치노는 Ⅰ Ⅱ Ⅲ, 전편에서 출연한다.

이 영화는 비토 콜레오네와 마이클 콜레오네의 2대에 걸친, 한 마피아 가문의 가족사를 다룬 대작이다.

이 영화의 주제는"칼로 흥한 자는 칼로 망한다"라는 성경의 구절을 실감하게 한다. 흥하는 장면은 물론 현상유지와 허물어져 가는 전 과정을 적나라하게 묘사하고 있다.

『대부』는 갱스터 영화다. 갱스터 영화가 흥미를 자아내는 것은 멜로드라마이기 때문이다. 존 벨튼은 그의 저서 『American Cinema/American Culture』에서 다음과 같이 말하고 있다.

> 하나의 양태로서 멜로드라마는 일정한 플롯과 식별 가능한 모티브와 케릭터 타입이 있지만 장르를 넘나드는 점에선 비극, 희극과 유사하다. 따라서 서부영화인 『석양의 결투』갱스터 영화 『대부』SF 모험영화인 『E.T.』는 멜로드라마로 분류한다.

영화에서는 멜로드라마가 상영에 성공하는 경우가 많다 고 한다. 멜로드라마는 우리가 인식하는 것처럼 부정적인 뜻이 아니다.

장군이나 영웅이 등장하는 영화는 전부 전쟁 영화라고 해도 과언이 아니다. 삼각관계의 애인을 가지고 서로 겨루는 경우는 주먹싸움이 많다. 중국영화는 아직도 칼싸움이 많다. 홍콩영화가 더욱 그러하다. 미국영화는 갱영화가 많다.

『대부 I 』

『대부 I 』은 권력과 부, 지력을 겸비하고 어려운 사람의 사정을 잘 들어주는 마피아의 두목 돈Don 비토 콜레오네의 딸 결혼식장에 이웃에서 장의사를 운영하는 사람이 찾아와 딸이 당한 억울한 사건을 이야기 하면서, 마피아식 정의로 복수해 줄 것을 부탁한다. 돈은 처음엔 거절하나 결국 그 부탁을 들어준다.

마약에 손을 댄 소로즈는 돈에게 정계와 경찰과의 발이 넓은 것을 이용 마약거래를 흥정해오나, 돈은 마약 사업만은 안 된다고 거절한다. 이에 소로즈는 돈을 공격한다.

소로즈의 부하들은 과일가게에서 과일을 사는 대부에게 총격을 가한다. 5발의 총상에도 그는 9사1생으로 살아나 병원에 입원한다.

돈이 가장 사랑하는 아들 마이클은 대학을 다녔고 해군에 입대해서 무공을 세운 똑똑한 청년이나 아버지의 사업을 이을 생각이 전혀 없었다. 그러나 아버지가 생명의 위험을 느끼자 병원에 찾아가 경호원 하나 없이 혼자 있는 아버지를 다른 병실로 옮겨 보호한다. 마이클은 소로즈가 자기와 단판을 하자는 전화를 받고 한 음식점에서 그와 그에게 매수당한 뉴욕 경찰반장을 사살한 후 시실리로 피신한다.

마이클의 큰형 소니는 여동생 코니 남편의 배신으로 무참히 살해당한다. 돈은 아들의 처참한 시신을 보고도 일이 커질까 봐 복수를 하지 않을 것을 결심하고 위원회에서 적과 화해한다.

큰형이 살해당했다는 소식을 듣고 시실리에 피신해있던 마이클은 뉴욕으로 돌아와서 아버지의 일을 돕는다. 돌아오기 직전에 믿던 부하가 그의 차에 폭발물을 장치하여 시실리에서 결혼한 아내를 잃는다. 그는 뉴욕에 돌아온 1년 후 케이를 찾아가 청혼을 하여 결혼한다. 그는 아버지로부터 돈 자리를 물려받는다.

돈 비토 콜레오네는 마이클에게 여러 가지 비법을 전수해준다. 그리고 그 자리에서 그 어려운 자리를 마이클에게 전수하지 않고 주지사나 상원의원을 만들고 싶었다고 고백을 한다.

어느 여름날 병들어 약해진 대부는 손자와 밭에서 분무기로 시든 토마토에게 물을 주며 술래잡기 등 즐거운 놀이를 하다가 심장마비로 쓰러져 죽는다.

마이클은 아버지의 지시대로 소니 형의 복수로 바지니 일파를 전부 제거하고 큰형을 죽게 한 매형을 교살한다. 남편을 잃은 여동생 코니는 피맺힌 원망을 퍼붓는다. 이런 분위기에 염증을 느낀 케이는 차츰 애정을 잃어간다.

『대부 II』

대부의 알파치노

『대부 II』는 음악이 흐르면서 돈 마이클 콜레오네의 회상으로 영화가 시작된다. 그는 자작나무가 서있는 뜰에 앉아있다. 회상에는 아버지와 자신의 이야기가 번갈아 나온다.

비토 콜레오네는 시실리아의 마피아 두목에게 아버지가 살해당해서 어머니와 장례를 치른다. 들어난 강바닥 위로 관을 운구하는 운구 행렬이 초라하게 나타난다. 그때

난데없이 총성이 들리면서 비토의 형이 총을 맞고 쓰러진다.

어머니는 9살 난 비토를 살리려고 남편과 장남을 죽인 원수인 치치를 찾아가 어린 유일한 아들의 생명을 구걸한다. 그러나 냉정히 거절당한 어머니는 아들을 도망가게 하고 그 자리에서 살해당한다. 비토는 마음씨 착한 어른의 도움으로 고향에서 도망쳐 배를 타고 뉴욕에 도착한다. 뉴욕에 도착한 비토는 천연두보균자로 3개월간 감옥 같은 곳에 격리 수용된다.

마이클은 뉴욕생활을 정리하고 네바다주로 이사 가서 자녀들에게 새로운 삶을 살도록 합법적인 사업을 하려고 온갖 노력을 다한다. 아들의 성찬식에 아들 안토니 이름으로 많은 돈을 기부한다. 그 일로 네바다 주 상원의원의 공개 칭찬을 받고 감사패를 받고 축하연이 벌어진다. 그러나 사석에서 만난 상원의원은 금전과 지분을 요구하며 모욕적인 말을 내뱉는다. 마이클은 그 의원의 위선에 분개한다.

마이클이 좋은 일을 하려고 하지만 사회는 그를 그냥 놓아두지 않는다. 상류사회 인사들은 그의 이런 행동을 위선이라고 하며 발목을 잡는다. 다른 마피아 일부는 그의 이런 행동을 배반으로 간주하여 살해하려고 한다.

축하파티가 있던 그날 밤, 마이클은 아내와 같이 침실에서 아들이 준 선물인 자동차 그림을 보고 있던 중 하이만 로스 파의 총격을 받는다. 그는 복수를 다짐하며 뉴욕으로 간다. 그는 그를 살해하려했던 하이만 로스 일파를 차례로 방문해서 여러 가지 수법으로 그들을 제거하려하나 실패한다.

아버지에 대한 회상이 다시 전개된다. 비토 콜레오네는 빵 가게에서 일을 했지만 검은 손에 의해서 직장을 잃는다. 이미 그는 처자가 있는 몸이다. 이런 그에게 우연히 만난 친구는 좀도둑이라 그도 좀도둑이 된다. 그리고 그 거리에서 악행을 일삼는 검은 손의 거물을 살해한다. 그는 점점 자신도 모르게 그 거리의 해결사가 된다.

마이클은 쿠바에서의 작전이 형 프리디의 짓으로 실패한 것을 안다. 프리디는 마음만 착할 뿐 아둔하고 이미 조직의 불문율을 어겼음으로 제거할 것을 굳힌다.

마이클이 쿠바에서 돌아왔을 때 집안은 쓸쓸하기 짝이 없었다. 이미 아내 케이의 사랑은 식어 있었다.

마이클은 재판으로 자신의 합법성을 증명하지만 이런 위선과 살인에 염증을 느낀 아내 케이는 아들딸을 위해 마이클과 헤어질 것을 결심한다. 그녀는 이런 가정에서 자기의 아들이 살아갈 것이 두려워 임신한 셋째를 낙태시킨다. 이 고백을 들은 마이클은 격분하여 그녀와 헤어진다.

비토 콜레오네는 어느 정도 힘을 비축하고 시실리 고향에 찾아가 친지를 만나고 부모와 형을 살해한 불구대천의 원수인 치치를 살해한다.

어머니가 죽자 그는 둘째 형 프리디를 호수에 빠져죽은 것으로 위장해서 살해하도록 지시한다. 그리고 어린 시절 형제들과의 추억이 회상으로 전개된다. 착하기만 했던 프리디와의 관계가 부각되어 나타나 그를 괴롭힌다.

마이클은 톰 하겐 형에게 하이만 로스를 제거하도록 종용한다. 톰 형도 임무를 수행하다 살해당한다.

마이클의 긴 회상으로 영화가 끝난다.

『대부Ⅲ』

『대부Ⅲ』은 감미로우나 애조 띤 음악과 함께 호수 가에 있는 뉴욕의 호화 저택이 나온다. 이어서 거미줄 그림이 선명히 그려진 두 개의 유리 창문이 클로즈 업 된다. 그리고 자작나무가 서있는 정원에 깔린 낙엽이 바람에 휘날리고 있어 쓸쓸함을 던져준다.

번성했던 집안은 형제들이 다 죽고 이제는 코니와 마이클 뿐이다. 아들 안토니와 딸 메리도 교육을 위해 엄마에게 가 있다.

이제는 60대로 늙은 마이클이 아들딸에게 편지를 쓰는 장면이 나타난다.

편지는 마이클이 교황으로부터 성 세바스찬 훈장을 받는데, 그 수여식에 아들딸과 헤어진 아내 케이가 오기를 바라는 것이다.

드디어 수상식장에 사랑하는 아들과 딸, 케이가 등장한다. 케이는 이미 다른 사람의 아내가 되어있다.

마이클은 아버지의 이름을 딴 비토 콜레오네의 이름으로 합법적인 자선사업을 하려고 한다. 자선 사업의 대표는 사랑하는 딸 메리를 내세운다. 메리가 자연스럽게 상류사회에 진출하도록 돕기 위해서다. 그는 빈민들을 위해서 써달라고 1억 달러를 교회에 내놓는다.

마이클은 축하 파티 장을 벗어나 케이와 조용히 만난다. 케이가 와준 것에 대해서 고마워하니까, 그녀는 수상을 축하하기위해서 온 것이 아니고 아들이 성악공부를 하도록 허락을 받으러 왔다고 말한다. 수상은 위선일 뿐이며 당신은 더욱 위험해졌다고 말한다. 마이클은 한참 생각하다가 자기의 젊었을 때를 생각하며 허락한다.

마이클의 수상을 기념하는 파티에 초대하지 않은 큰형의 아들 빈센트가 찾아온다. 빈센트는 뉴욕파의 보스인 자자의 부하다. 그는 마이클의 후계자가 되기 위해서 작은 아버지인 마이클에게 온 것이다. 또한 자자는 그곳에서 빈센트를 만나 서로 으르렁댄다. 마이클이 화해를 시키나 빈센트가 자자의 빈정거림에 격분하여 귀를 물어뜯는다.

딸 메리는 4촌 오빠인 빈센트를 보자 사랑에 빠진다.

마이클은 도박 사업을 다 정리하고 이모빌리아레 라는 부동산 회사에 6억 달러를 투자하기 위해서 바티칸 은행에 맡긴다. 마이클은 당뇨병에다 이사회에서 받은 충격으로 쓰러진다.

케이는 병실에 쓸쓸히 누워있는 마이클을 아들딸과 같이 찾아간다. 그녀는 그렇게 연약해진 그에게 무한한 연민을 느낀다. 메리와 안토니는 이런 아버지를 사랑한다. 마이클도 딸과 아들을 무지하게 사랑한다. 그는 메리를 위해서라면 지옥의 불길에도 뛰어 들어 가겠다는 말을 한다.

카지노를 청산하는 위원회의 회의장에서 주교의 사주를 받은 안토벨로는 조이 자자로 하여금 헬기 공격을 하도록 하여 많은 두목을 살해하나 마이클은 빈센트의 도움으로 사지에서 무사히 빠져나온다. 빈센트는 치밀한 계획을 세워 자자를 저격한다.

교황을 꿈꾸는 주교는 마이클을 제거하고 돈을 가로채려한다. 재산 때문에 위기가 닥칠 것을 안 마이클은 큰형 소니를 여러 면에서 닮은 조카 빈센트에게 대부 자리를 넘겨준다. 그 동안 사귀어 온 자기의 딸 메리를 포기하라는 조건으로.

마이클은 어느 날 아들딸과 산책을 하다가 그 옛날 아들이 준 자동차 그림을 돌려준다. 그 그림은 처음 총격이 있던 날 밤에 받은 선물로 50년도 더 오래 간직한 그림이다. 그것을 본 안토니는 아버지의 깊은 사랑을 확인한다. 그는 딸 메리에게도 빈센트와의 사랑이 너무 위험하다면서 포기하라고 말하지만 딸은 듣지 않는다.

마이클은 경호원들을 따돌리고 손수 운전을 해서 케이를 아버지가 살던 고향에 데려간다. 그곳 성당에서 결혼하는 젊은이를 보고 즐거웠던 때를 회상한다. 이어서 옛날 경호원의 집을 방문한다. 마이클과 케이는 모처럼 조용한 시간을 갖는다.

마이클은 케이에게 자신의 운명과 그녀의 운명이 너무 달랐다며 그가 험한 세상에서 가족을 지키기 위해서 얼마나 노력했는가를 알아달라고 말한다. 또한 용서를 빈다. 모든 것을 용서해 달라고 말하며 이 세상에서 그녀를 제일 사랑했노라고 고백한다. 케이도'이제 와서 날더러 어떻게 하라느냐?'면서 그녀 역시 항상 마이클을 사랑해 왔고 앞으로도 그럴 거라고 말을 한다.

이런 분위기를 은인인 토마시노가 살해당한 소식이 깬다.

바티칸 은행 쪽에서도 어떻게든 마이클을 없애기 위해 그가 아들의 오페라공연을 보러간 극장에 암살범을 보낸다. 그러나 빈센트의 치밀한 사전 예방으로 적들을 다 처치한다. 그러나 불행히도 암살범의 마지막 두 발의 총탄 중 하나가 마이클 대신 메리를 죽게 한다. 마이클과 케이의 절망적인 부르짖음이 화면을 찢는다.

마이클은 초라한 모습으로 고향의 허름한 건물 앞에 앉아있다. 마당 한쪽에는 뚜껑이 덮인 재래식 우물이 있고 강아지가 두 마리 돌아다닌다. 그는 낡고 낡은 나무의자에 앉아 있다. 주위에는 아무도 없다. 그는 거의 감은 눈에 벗은 안경을 다시 쓰고는 허무하게 쓰러져 죽는다.

느낌

미국 마피아의 원조인 시실리의 마피아는 일종의 아나키즘(무정부주의)이다. 미국의 이민정책으로 세계 각국으로부터 많은 사람들이 미국에 이민을 왔고 시실리 사람들도 미국에 이민 와서 대도시에 유입되면서 마피아가 탄생했다. 그것이 미국 마피아다.

그러므로 마피아의 세계에는 상상을 초월하는 살인과 악행, 모략과 음모, 배반과 충성이 동원된다. 작전은 007을 능가한다. 세력 싸움이 상존하고 그러기 위해서 모든 희생을 각오한다. 그리고 마약, 음주, 도박, 매음, 인신매매 등 위법이 주 사업이다. 비합법적인 사업이므로 은밀하게 음지에서 행해진다.

명화 『대부』에 부정적인 시각도 만만치 않았었다. 지금도 관람기준이'15세 이하 불가'로 되어있다. 이 영화에는 성의 노골적인 표현은 없다. 그렇다면 폭력성이 저촉됨을 알 수 있다. 『대부』를 비난하는 쪽의 이론도 '폭력의 미화'라는 점이다. 나도 그 점에 대하여 동의한다. 그러나 『대부』가 단순하게 폭력을 미화하는 영화였다면 이미 그 영화의 생명은 끝났을 것이다. 역설적인 표현일지 모르지만, 자세히 보면 폭력을 부정할 목적으로 제작되었음을 알 수 있다.

전편의 이면에 흐르는 가족애와 인간적인 고뇌가 이 영화의 생명일 것이다. 콜레오네 가家는 다른 마피아에 비하여 의로운 색채를 띠고 있음도 매력적인 부분이다. 법이 해결하지 못하는 불쌍하고 가난하고 힘없는 사람들의 사정을 잘 들어주는 편이다. 일종의 의적의 개념이다.

잊을 수 없는 명장면이 여러 곳 있다. 우선 영화에서 큰 비중을 차지하는 니노 로타의 대부 테마곡 『Speak Softly Love』, 이 음악이 좋았다. 감미로우면서 애조 띤 우수가 서려 있는 음악이 영화 전편에 자주 되풀이 되어 서정적인 분위기를 돋우고 있다.

감독은 살육이 빈번한 갱스터 영화에 슬픔을 담기위해서 많은 공을 들인 점이 역역했다. 호수에 면한 아름다운 저택의 뜰에, 바람에 휩쓸리는 낙엽과 흰 눈이 등장한다. 『대부Ⅲ』의 도입부에서 뉴욕의 호화 저택이 나온다. 이어서 거미줄 그림이 선명히 그려진 두 개의 유리창 문이 클로즈업 되면서 배경음악이 나온다. 이 거미줄의 상징성이 돋보였다.

Speak Softly Love

Speak softly, love
And hold me warm against your heart
I feel your words
The tender trembling moments start
We're in a world, our very own
Sharing a love that only few have ever known
부드럽게 속삭여줘요, 사랑이라고,
당신의 가슴으로 따뜻하게 안아주세요.
당신의 말을 느껴요
사랑이 싹튼 떨림의 순간들
우리는 한 세상에 있었고 세상은 바로 우리들 이었어요

Wine-colored days warmed by the sun
Deep velvet nights when we are one
햇볕으로 따스해진 연분홍 날들
하나가 된 짙은 벨벳 빛 밤들

Speak softly, love

So no one hears us but the sky
The vows of love
We make will live until we die
My life is yours and all because
You came into my world with love so softly love
부드럽게 속삭여줘요, 사랑이라고,
하늘 말고는 아무도 모르게
우리가 한 사랑의 맹세들
죽을 때까지 잊지 않을 거예요.
나의 생명은 당신 거예요.
그렇게 속삭이는 사랑으로 내 세계로 들어왔으니

Wine-colored days warmed by the sun
Deep velvet nights when we are one
햇볕으로 따스해진 연분홍 날들
하나가 된 짙은 벨벳 빛 밤들

Speak softly, love
So no one hears us but the sky
The vows of love we make will live until we die
My life is yours and all because
You came into my world with love so softly love
부드럽게 속삭여줘요, 사랑이라고,
하늘 말고는 아무도 모르게
우리가 한 사랑의 맹세들
죽을 때까지 잊지 않을 거예요.
나의 생명은 당신 거예요.
그렇게 속삭이는 사랑으로 내 세계로 들어왔으니

비토 무릎 위의 고양이와 마지막 장면인 의자에 앉아있는 마이클과 주변의 쓸쓸한 뜰에 있는 강아지들의 대비도 훌륭했다.

Ⅰ편에서의 정평이 나있는 말론 브랜도의 연기는 말할 것도 없고 ⅡⅢ편의 알 파치노의 연기도 특징이 있어 좋았다. 어떻게 생각하면 말론 브랜도의 『대부』가 아닌 알 파치노의 『대부』라고 해야 할 것 같다는 생각이 들었다.

두 주인공의 죽는 장면이 인상적이었다. 어느 여름날 병들어 약해진 비토는 손자와 밭에서 분무기로 시든 토마토에 물을 주며 술래잡기 등 즐거운 놀이를 하다가 심장마비로 쓰러져 죽는다. 그래도 아직은 이 마피아 가문에 희망은 있다.

Ⅲ편의 마지막 장면에서, 마당 한쪽에는 뚜껑을 덮은 재래식 우물이 있고 강아지가 두 마리 돌아다닌다. 마이클은 초라한 모습으로 고향의 허름한 건물 앞, 낡고 낡은 나무의자에 앉아 있다. 주위에는 경호원도 가족도 없다. 그는 거의 감은 눈에 벗은 안경을 다시 쓰고는 허무하게 쓰러져 죽는다. 이제는 완전히 끝이다.

이 2대에 걸친 갱 두목의 허무한 죽음은 무엇을 말하고 있는가. 권력의 무상을 말하는 것이 아닐까.

『대부 Ⅱ』의 이야기를 회상으로 처리한 것도 좋았다. 아버지의 이야기와 마이클의 이야기를 교차해서 표현한 방식은 약간 혼란을 주었지만 그래도 좋았다.

비토의 아들과 손자 사랑, 마이클이 그를 배반하고 떠난 케이를 끝까지 사랑하는 마음과 마이클의 부성애가 돋보였다.

마이클은 케이에게 자신의 운명과 그녀의 운명이 너무 달랐다며 그가 험한 세상에서 가족을 지키기 위해서 얼마나 노력했는가를 알아 달라는 것과 모든 것을 용서해 달라고 말하며 이 세상에서 그녀를 제일 사랑했노라고 고백한다. 케이도'날더러 이제 와서 어떻게 하라느냐?'면서 그녀 역시 항상 마이클을 사랑해 왔고 앞으로도 그럴 거라고 말을 한다. 살육이 빈번한 삶에서 빛을 잃지 않는 것은 역시 사랑이라는 것이다. 딸을 사랑하는 아버지의 무한한 애정, 아들의 보잘 것 없는 선물을 50년도 넘게 간직하고 있다 건네주는 장면은 가슴을 뭉클하게 했다.

마피아의 율법으로 형제까지도 처형해야 했고, 처형한 후 괴로워하는 장면도 과장되지 않게 잘 표현되었다. 두 주인공이 자녀를 잃었을 때의 연기는 아주 대조적이었다. 비토의 꾸겨진 얼굴에는 모든 상념이 다 표현되었고 마이클의 얼굴은 경악과 절망 상실 그 자체였다.

『대부』에서 다음 장면도 감동적인 장면이다. 마이클은 교황청에 들려 대주교와 이야기를 하다가 당뇨병으로 현기증을 느낀다. 주스와 과자를 먹고 겨우 진정시키고는 대주교의 권에 의해 고해성사를 받는다. 그는 아내를 배반했고 어머니와 아버지의 아들인 형제를 죽이라고 지시했다는 것을 고백하면서 운다.

마지막 부분은 '카발레리아 루스티카나'의 간주곡이었다는데 아주 훌륭했다. 이 영화의 가장 비극적인 장면에 평화롭고 감미로운 음악이 흘러나와 상승효과를 더했다는 평이다.

그러나 『대부』는 갱스터 영화의 한계를 벗어날 수 없었다. 그 점이 이 영화가 최고의 영화가 될 수 없는 점이다. 우리는 싸움보다는 평화를, 파괴적이고 폭력적이고 일시적인 것보다는 인간의 삶을 윤택하게 하는 항구적인 문화를 더 좋아하기 때문이다. 예술이나 영화도 마찬가지이다.

제 2 부 시 영화 너덧 편 감상

동북아 삼국의 탐미주의

동북아 3국의 영화 중 많은 사랑을 받는 영화가 영상미학에 있는 것 같다는 생각을 하게 되었다. 따라서 그 영화들을 집어보고자 한다.

편의상 일본의 『설국』, 한국의 『겨울연가』, 중국의 『연인』을 대상으로 한다. 『설국』은 비디오테이프도 CD도 구할 수가 없었다. 영상자료실에 문의도 해보았으나 볼 수가 없었다. 하는 수 없이 전에 본 세계문학기행 중 가와바타의 『설국』을 회상하며 문학작품을 읽어볼 수밖에 없었다.

일본 문학의 주류는 서정적이다. 가와바타 야스나리의 『설국』은 그 정점에 있는 작품으로 평가받고 있다. 그 다음은 한류의 원동력이 된 우리나라의 『겨울연가』와 중국의 영상미의 절정인 장예모의 『연인』은 눈을 배경으로 한 슬프도록 아름다운 서사시를 쓰고 있다.

물론 소설로 노벨문학상을 받을 만큼 성공한 작품과 한낱 멜로물에 불과한 『겨울연가』와 『연인』은 비교할 수 없겠지만 미학의 측면에서 볼 때 맥을 같이 한다고 생각한다.

동북아 삼국 사람들은 평화적이고 온순해서 아름다움을 특히 좋아한다. 그 좋은 예가 도자기이다. 도자기를 그렇게 아름답게 빚어낸 나라는 동북아 3국 이외에는 없었다. 지금이야 서양에서도 질 좋은 도자기를 구어내지만, 그 스승은 어디까지나 동북아 3국임은 엄연한 사실이 아닌가.

언젠가는 도자기를 만들어낸 솜씨로 세계를 깜작 놀라게 할 영화를 만들어내고 말 것이다.

일본의 『설국』

가와바타 야스나리의 『설국』은 이미 너무 유명해서 알 만한 사람은 다 안다. 가와바타 야스나리는 일본 뿐 아니라 세계적으로도 최고의 서정적인 작가이다. 그리고 이 소설은 그의 대표작으로 손색이 없다. 가장 일본적인 소설이다.

중편 소설에 불과한 이 작품이 13년에 걸쳐 완성되었다니 작가가 얼마나 갈고 다듬었는가를 짐작할 수 있다. 이 소설은 소설의 무대가 되는 에치고유자와越後湯澤에서의 작가의 체험을 소재로 하여 쓰였다고 한다. 그리고 그곳 여관에 머물면서 작가가 소설을 썼다니, 그만큼 실감이 난다.

일반적으로 『설국』은 작가가 30년대 중반에 일본 사회에 팽배한 삶의 무기력과 무의미에 젖어있던 사람들에게 참된 사랑이 무엇인가를 보여주기 위해서 쓰인 상징적 작품이라고 한다.

작품은 서정적이고 심미적이며 감각적이다. 작품 주제는 긴 터널로 구분되는 현실의 도쿄에서 멀리 떨어진, 눈으로 상징되는 환상의 세계에서 펼쳐지는 비극적인 사랑이야기이다. 눈의 고장인 온천에서 기생과의 이룰 수 없는 아픈 사랑을 이렇게 아름답게 그린 작품은 그 전에도 없었고 그 후에도 없다.

도쿄 태생으로 무용에 관한 글을 가끔 번역하는 고독한 현대인인 중년의 시마무라와 온천지대의 기녀인 고마코와의 사랑, 고마코의 춤 선생의 아들로 병든 유키오와 요오코와의 사랑이야기가 중심이지만, 시마무라는 고마코를 사랑하면서도 요오코에게 유키오는 고마코에게 야릇한 사랑을 느낀다. 이런 갈등 구조가 흥미를 더하며 신비하고도 아름다운 사랑 이야기를 담고 있다.

20세 안팎의 어린 나이에 기생으로 나올 수밖에 없었던 기구한 운명의 고마코와 요오코의 청순하고 헌신적인 사랑과 시마무라의 이들에게 대하는 따뜻한 인간애가 아름답다. 특히 슬프도록 아름다운 목소리의 소유자이며 항상 날카롭게 쏘아보는 듯 한 눈을 가진 요오코의 비극은 소설의 가장 중요한 부분이다. 거의 전부가 베일에 가린 요오코의 유키오에 대한 허무한 사랑과 죽음은 많은 것을 생각하게 한다. 눈을 배경으로 한 싸늘한 겨울밤 은하가 쏟아질 것 같은 밤에 영화구경을 가서 화재사고로 죽는 요오코가 너무 불쌍하다. 밤하늘의 은하처럼 청순한 고마코의 사랑도 새벽이 오면 끝날 것이다.

아름다움은 왜 이렇게 지속성을 거부하는 속성을 갖고 있는 것인지 모르겠다.

한국의 『겨울연가』

배용준의 『겨울연가』역시 눈을 배경으로 한, 중년의 인간이면 누구나 비밀스럽게 간직하고 있는 첫사랑에 대한 애수를 자극하는 좋은 작품이다. 『겨울연가』의 강점은 『연인』이나 『설국』이 갖고 있지 않은 첫사랑을 도입했다는 점이다. 눈이 내리는 날은 누구나 첫사랑을 회상하고 싶어 하거나, 술을 마시고 싶어 하거나, 좋은 음악을 듣고 싶어지고 애인과 영화라도 보고 싶어진다. 겨울과 눈, 겨울과 연인. 짝이 잘 맞는 낱말의 결합이다. 겨울밤의 연인은 다른 계절의 연인보다 더욱 절실하다.

눈은 신성한 것, 축복받은 것으로 상징되지만, 한편 사랑과 죽음에 잘 비유된다. 눈 내릴 때의 황홀함과 눈이 녹을 때의 지저분함은 사랑의 속성과 많이 닮았다. 한 편 눈이 와서 대지를 뒤덮은 모습은 죽음과 같다. 죽음은 인간의 모든 것을 덮는다. 사랑과 미움과 더러운 욕망까지도 덮어버린다. 눈은 어디에도 내려서 흰색으로 바꾼다. 그래서 시인들은 눈을 가장 많이 사랑한다.

『겨울연가』는 『연인』이나 『설국』보다 보통 사람의 이야기 이다. 『설국』은 기녀와의 사랑 이야기이고 『연인』은 무사들 간의 사랑이야기 이다. 물론 기녀와 무사도 인간임에는 틀임이 없으나 좀 특수한 집단이다.

이 점이 더 폭넓은 관객에게 호응을 받는 점이라고 생각한다.

우리나라의 용평도 일본의 에치고유자와越後湯澤와 비견되는 관광지이다. 또 남이섬의 환상적인 가로수, 이곳저곳의 영상미를 돋보이게 하는 많은 장소는 참 아름답다.

중년부인들에게 여고시절은 또 얼마나 추억이 많은 시절인가. 또 그때는 둥지를 떠나 새로운 보금자리로 이동하고 싶은 새의 심정이 된다고 한다. 사추기인 것이다. 그래서 최지우가 배용준보다 손해를 많이 본다고 본다.

『겨울연가』에서도 『설국』과 같이 준상과 유진, 상혁과 채린의 관계가 미묘하게 되어있다. 이런 점이 『설국』과 비슷한 갈등구조이다. 『겨울연가』는 다른 두 작품보다 줄거리가 복잡하다. 부모들의 관계까지 겹쳐있다. 그래서 반전도 많다. 또 밖으로 노출되어 있다. 그러면서도 단순하다.

중국의『연인』

『연인』은『설국』이나『겨울연가』와는 겉으로 보기에 많이 다르다. 우선 시대가 현대가 아니고 천년도 넘는 고대이다. 일종의 중국 특유의 무협영화이다. 피비린내 나는 칼싸움을 아름다움으로 승화시킨 작품이다. 현대문명의 찌꺼기가 하나도 보이지 않는다. 도입부에 모란방의 특유한 중국적인 색채와 화려함, 놀라운 무용과 노래 가락이 환상의 세계로 인도한다. 거의 전편의 배경인 숲 속의 색감, 단풍과 꽃, 눈과 나무들의 촬영기법으로 독특한 영상미를 구축하고 있다. 과연 장예모구나 하는 생각이 들었다.

리우와 진 대장, 샤오 메이의 칼싸움은 무용이다. 칼싸움이 아닌 예술이다. 색채와 음에 탁월한 재능을 가진 것으로 정평이 나 있는 감독의 솜씨가 유감없이 발휘되어 영상미를 쫒는 영화 마니아들의 감탄을 연발할 작품이다.

『연인』에서도『설국』과 마찬가지로 여주인공인 메이가 기생으로 나온다. 물론『설국』의 고마코와는 완전히 다른 기생이다.

이 영화도 작품명이『연인』인 만큼 사랑이야기가 끼지 않을 수가 없다. 물론 사랑이야기가 전부는 아니다. 그것도 진부한 삼각관계의 사랑이야기다. 무림 고수들에게도 어쩔 수 없이 찾아오는 사랑이야기이다.

3년을 기다린 사랑과 3일 간의 사랑에서 메이는 3일 간의 사랑을 택한다. 식어가는 미지근한 사랑은 새로 타오르는 뜨거운 사랑을 이길 수는 없다. 그것이 사랑의 본질이다.

역시 라스트 신은 눈이다. 눈이 하염없이 내리는 들판에서 북방의 여인인 메이는 옛 애인의 칼을 맞고 붉은 선혈을 눈에 뿌리며 진의 뜨거운 가슴에 안겨 허무하게 죽는다. 구슬픈 주제곡이 흐른다.

북방의 미인이여
선녀처럼 아리땁구나.
한 번 웃으면
성이 기울고
두 번 웃으면
나라가 기운다네.
그 누가 뭐라 해도
이 보다 더
사랑스런 여인은
다시 얻기가
힘들다네.

숲 속의 빽빽한 나무 밑동만을 촬영하는 기법은 아주 독특했다. 물론 그 기법은 다른 서양 영화에서 본 것 같다. 그리고 대나무 숲에서의 칼싸움은 꼭 만화를 보는 것 같았지만 오래 남을 장면이다.

『설국』과 『겨울연가』, 『연인』의 주제는 예술의 영원한 주제인 '이룰 수 없는 사랑 이야기' 이다. 그 주제를 눈을 배경으로 하여 눈처럼 아름답게 표현하고 있다. 왜 사랑은 이룰 수 없는 사랑이 더욱 아름다운가? 하는 의문은 더 탐구해야 해답이 나올 것이다. 아니 아무리 탐구해도 해답은 영원히 나오지 않을 것이다.

『겨울연가』와 『연인』은 대중적인 흥미를 유발하기 위해서 반전에 반전을 거듭하고 있다. 특히 『연인』은 만화를 보는 기분이었다. 반면에 『설국』은 간단하지가 않다. 단순하면서도 복잡하고 상상력을 자극하는 작품이다. 그러면서도 이들 영화들이 인기가 있는 것은 앞에서도 언급했지만 영상미에 있다. 그러나 이런 미만을 추구하는 작품으론 인생의 다방면을 포괄하는 대작은 나오기가 어렵다. 인생의 삶은 사랑과 아름다움만 있는 것은 아니기 때문이다. 그것이 『연인』이 같은 감독의 작품인 『영웅』보다 못하다는 말이 나도는 이유이다.

모처럼 눈을 배경으로 한 애절한 사랑에 대한 작품을 감상한 것은 새해 들어 최초로 얻은 소득이고 행복이었다.

『밀리언 달러 베이비MILLION DOLLAR BABY』 -고통을 이기는 휴머니티

『밀리언 달러 베이비!』

많은 감동적인 이야기를 담고 있는 좋은 영화이다. 제작, 감독, 주연을 맡고 음악까지 작곡한 75세의 노익장, 클린트 이스트우드에게 감사한다. 그의 모든 것을 달관한 듯 한 예지에 빛나는 눈빛은 존경스럽기까지 했다.

이 영화가 많은 영화 마니아를 울리는 것은 한마디로 말해서 -고통을 이기는 휴머니티-에 있다고 생각한다. 어차피 삶은 투쟁이고, 투쟁에는 고통이 수반되기 마련이다. 그 고통을 이겨나가는 것이 인간의 삶인데 그곳에는 휴머니티가 있어야 진정으로 극복할 수 있고 많은 사람에게 공감을 줄 수 있기 때문이다. 여기에 나오는 주인공 세 사람은 고통을 감수하는 그런 사람들이다. 피해가지 못한다. 그리고 참고 견딘다. 일은 엉뚱한 곳으로 번진다.

나는 이 영화를 다섯 번 보고 감상문을 썼다. 아마추어가 영화 감상문을 쓴다는 것이 그렇게 쉽지 않다. 처음에는 용산 CGV에서, 그 다음 세 번은 집에서 CD로, 마지막은 또 용산 CGV에 가서 보았다. 그런데 이 영화는 이상하게 보면 볼수록 눈물이 더 난다. 첫 번째 보았을 때에는 눈물을 흘리지 않았다. 좋은 영화이긴 하지만 안락사 문제가 나의 도덕적인 성향과 맞지 않았다. 그러나 되풀이해 보면서 그렇게 할 수밖에 없었던 프랭키(클린트 이스트우드)의 선택에 손을 들어주었다.

인생을 살만큼 산 프랭키의 만사에 대한 신중함과 고뇌에 찬 표정과 연기는 감동적이었다. 그는 노인이며 권투가 직업임에도 시를 좋아하는 사춘기의 감성을 갖고 있다. 그리고 아직도 신부에게 신의 존재와 종교의 허구에 대한 물음을 하는 어리석을 만큼 진실한 사람이다.

여주인공 매기(힐러리 스웽크)의 혼신을 다한 연기와 가슴을 촉촉이 적시는 가족애와 사랑은 진한 감동을 주었다. 그녀의 용기와 자기희생은 수많은 관객들의 눈물을 강요했을 것이다. 그녀는 현대가 요구하는 새로운 여성상의 모델이 되기에 충분하다.

또 조연인 스크랩(모건 프리먼)의 폭넓은 연기와 완숙미는 영화를 한 차원 끌어올리기에 충분했다.

이들의 연기와 인생을 바라보는 진지함, 영화의 구성과 음악이 조화를 이루어 많은 사람들의 공감을 얻어냈다. 2004년 최고의 영화로 손색이 없었다. 요 근래의 경향과는 달리 벗는 장면 하나 없는 순수한 영화였다. 이런 것을 가지고 어떤 이는 오락성이 부족하다는 말을 했다. 그것은 성인聖人에게서 코믹을 기대하는 것과 같은 어리석은 생각이다.

당연히 주제는 삶에 대한 문제이지만 그곳에서 파생된 작은 주제인 사랑과 고뇌의 문제, 죽음과 신의 문제, 가족의 문제와 가족의 새로운 해석, 붕괴된 가정에서 사람이 선택하는 삶은 어떻게 험난한 것이며, 요즈음 심각하게 논란되는 안락사에 대한 해답도 더불어 해주고 있다.

권투를 가르치는 허름한 체육관이 나타난다. 그곳이 이 영화의 주 무대이다. 이 체육관의 관장은 이미 인생의 황혼기에 접어든 늙은 프랭키이다. 또 프랭키의 동료인 한 사람은 109회나 링에서 뛴 늙은 복서인 스크랩이다. 그는 권투로 한쪽 눈을 잃은 사람이고 집도 절도 없고 가족도 없이 프랭키의 묵인 아래 체육관에서 외롭게 살고 있다. 109회나 링에 올랐으나 철저히 실패한 복서이다.

그러나 그들은 권투를 제대로 알고 인간미가 있는 지도자이기 때문에 그곳 체육관에는 많은 사람들이 모여든다. 그러나 프랭키의 선수 보호가 지나쳐 원숙기에 있는 선수들은 그곳을 떠난다.

어느 날 이미 30이 넘은 노처녀인 매기와 어릿광대 같은 댄져가 권투를 배우겠다고 이 체육관에 찾아와서 프랭키에게 권투를 가르쳐 달라고 사정을 한다. 그러나 프랭키는 여자는 안 된다면서 단호히 거절한다. 비록 권투가 직업이지만 시를 사랑하는 프랭키의 다감한 마음 때문인 것 같다. 그리고 그의 곁을 떠난 딸을 생각했을 것이다.

그러나 매기도 만만치 않은 성격에다 권투가 너무 좋아 물러서지 않는다. 프랭키는 매기의 열정에 관심을 갖게 되고 둘은 서로가 이해하고 사범과 선수가 된다. 스크랩도 옆에서 거든다. 매기의 권투실력은 일취월장으로 늘어 최고의 수준이 된다. 그리고 대망의 세계타이틀 전을 하게 된다. 유리하게 이끌던 매기는 상대선수의 반칙으로 치명적인 부상을 당한다.

여기서 영화는 반전이 된다. 스포츠 영화가 철학적인 영화로 바뀐다.

* 권투와 인간의 삶

이 영화의 소재는 권투이다. 권투가 격렬한 경기에다 피를 보는 경기이기 때문에 사람을 흥분시킨다. 남성복서가 대부분인 권투에 여성 복서를 도입하여 좋은 영화를 만들었다. 이때까지 대부분의 권투 영화가 멜로물의 차원을 벗어나지 못한 것도 사실이었다. 그러나 이 영화는 멜로물에 그치지 않고 인간의 근본적인 물음에 대하여 많은 질문과 해답을 암시하는 그런 영화이다.

이 영화에서 권투는 인간의 삶의 축소판으로 생각한다. 권투에는 모든 것이 있다고 믿는다. 바둑을 잘 두는 사람들은 바둑판에 모든 것이 있다고 생각하는 것과 같은 이치이다.

주인공 세 명 모두는 권투에 미친 사람들이다. 왜 그들은 권투에 미친 것일까. 그들은 인생을 진실하게 사는 사람들이라 그렇다고 할 수 있다.

스크랩은 "권투에 있어서 마법이 있다면, 엄청난 인내를 가지고 시합을 치르는 것이다. 필연적으로 상처가 생기는 것을 참고 신장이 파열되어도 참으면서 말이다." 또한 "그것은 누구도 아닌 당신이 꿈을 위해 모든 것을 건 위험한 마술이다." 라고 말한다.

또 프랭키는 "권투란 변칙적인 활동이다. 왜냐하면 모든 것을 반대로 할 필요가 있기 때문이다. 때로는 물러날 줄도 알아야하며. 거친 것만 가지고는 되지 않으며 항상 자기 방어가 먼저"라고 가르친다. 그리고 그는 타이틀 보다는 선수 보호를 우선 생각한다. 그렇게 신중한 그가 모험을 감행하다가 나락으로 빠지고 만다. 그것이 바로 인생이다.

* 가족과 가정home의 의미

미국뿐 아니라 현대사회의 가장 큰 문제는 가정이 파괴되어가고 있다는 점이다. 가정은 인간의 삶에 있어서 가장 기본적인 단위이다. 가정은 사람이 행복을 추구하고 재충전할 수 있는 유일한 곳이기 때문이다. 이런 문제에 대해서 경각심과 해결방안을 제시하는 것이 예술가들의 임무 중 하나이다. 이 영화에서는 바로 그 문제를 다루고 있다.

프랭키는 집은 있지만 가족이 없다. 이미 아내와 딸이 떠났다. 딸에게 매주 편지를 쓰지만 늘 반송된다. 그의 서랍에는 반송되어온 편지가 잘 정돈되어있다.

스크랩은 앞에서도 말했듯이 가족도 집도 없다. 혈혈단신으로 숙식을 체육관에서 해결한다.

매기는 셋방에서 살고 있다. 그곳을 방문한 프랭키가 집을 사라니까, 그녀는 그 말을 가슴에 담아두었다가 집을 산다. 매기는 오랜만에 프랭키와 고향에 찾아가서 어머니에게 그녀가 산 집을 드린다. 그러나 무식한 어머니는 오히려 집 때문에 정부의 보조비와 약값이 끊어질 것을 걱정한다. 매기가 돈을 더 보낸다고 해도 잔소리는 계속된다. 그녀에게는 어머니와 남동생과 여동생이 있지만 남동생은 감옥에 가 있고 여동생은 사생아를 낳아 살고 있어, 매기를 이해해주는 가족은 한 명도 없다. 그녀는 가족을 위해서 권투를 했다. 그러나 가족들은 권투를 이해하지 못한다.

프랭키나 매기는 둘 다 가족을 상실한 사람들이다. 가족이 있지만 없는 것과 마찬가지인 사람들이다. 그리고 취미가 같고 가치관이 같다. 그래서 그들은 새로운 가족이 된다. 프랭키는 매기에게 모쿠슈라라는 이름을 지어준다. 매기가 숨을 거둘 때 그 뜻이 '나의 사랑, 나의 핏줄'이라고 설명해 준다. 그 말을 듣고 매기는 기쁨의 눈물을 흘린다.

* 안락사의 문제

영화의 클라이맥스는 이제부터이다.

프랭키의 혼신을 다한 간호와 소망에도 불구하고 매기는 회복이 불가능해진다. 애초에 회복이 불가능한 큰 부상이었다. 죽어가는 딸을 보러 온 엄마와 동생들은 관광을 즐기고 찾아오지 않다가 변호사를 데리고 와서는 돈만을 챙기려고 서명을 하라고 환자의 입에 펜을 물려준다. 이런 광경을 바라보는 프랭키는 착잡하기만 하다.

영화는 어두운 장면이 계속된다. 모든 것이 암울하다. 그런데도 책임과 최선을 다하는 프랭키의 고뇌하는 모습이 진한 감동을 준다. 스크랩의 무게 있는 대화도. "오늘도 사람은 죽어가네, 매기가 한방 한 것은 내가 선수를 발견했고 자네가 잘 가르친 덕택이네. 매기도 좋은 감정을 갖고 있네"

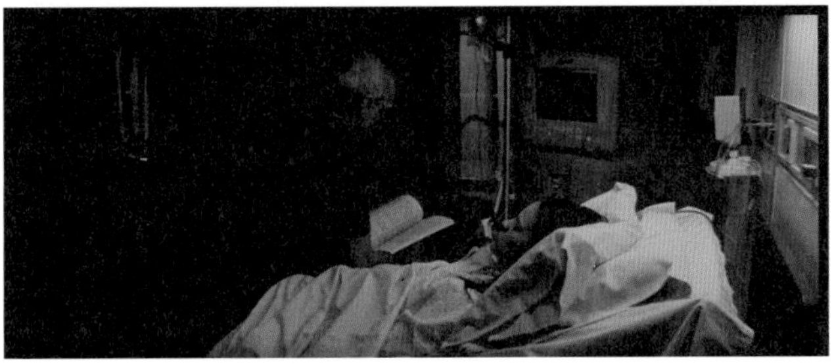

매기는 산소호흡기가 아니면 숨을 쉴 수 없고 육신은 썩어들어 간다. 한쪽 다리를 자른 후 매기는 결심한다. 자신의 삶이 프랭키에게 짐이 될 뿐이고 자기에게도 아무 의미가 없다는 것을 안다. 그녀는 아버지와 같은 프랭키에게 안락사를 부탁한다. 그러나 프랭키는 완강히 거부한다. 프랭키가 해주지 않을 것을 안 매기는 스스로가 해결하려고 혀를 깨물어 과도한 출혈로 죽음 직전에 이르렀으나, 의료진의 기민한 처치로 다시 살아난다. 프랭키는 신부와 안락사에 대하여 상의한다. 신부가 허락할 리가 없다. 프랭키는 허락하지 않아도 감행하겠다고 말한다. 그래도 신부는 허락하지 않는다. 프랭키는 이제는 딸 이상인 매기의 고통을 덜어주기 위해서 산소 호흡기를 제거하고 주사를 놓아 그녀가 영원히 잠들게 하고 어디론가 떠난다.

그것은 신이냐 인간이냐 하는 문제에서 인간적인 것을 선택한 것이 아닐까 하는 생각이 들었다. 여기에 이 영화의 가장 고귀한 휴머니티가 있다고 생각한다.

그 후 그는 다시는 스크랩이 기다리는 체육관에 돌아오지 않았다. 그러면 그는 어디로 갔을까? 그것은 관객의 상상력에 맡기고 있다. 스크랩은 '그는 삼나무와 참나무밖에 없는 외딴 곳에 갔을 거라고' 말했다. 삼나무와 참나무밖에 없는 곳은 미주리의 서남부 매기의 고향이다. 그런데 내 생각에 그는 매기의 영혼과 함께 이니스프리 호도에 갔을 것 같다. 그도 그녀도 오두막을 좋아했으니까.

그는 틈틈이 예이츠의 시를 읽는 시인의 감수성을 타고 난 사람이다. 이니스프리 호도에서 속죄의 나날을 보낼 것이다. 그의 얼굴에 고뇌의 깊은 주름이 자꾸 늘어갈 것이다.

나는 일어나 갈 것이다.
그 자유로운 곳으로
흙과 풀로 만든 거기 지어진 작은 오두막
그리고 거기서 조금의 평화를 누릴 것이다.
천천히 떨어지는 평화를 위해,
귀뚜라미 우는 아침
계곡으로 떨어지는 평화를!

프랭키는 매기에게 이 시를 읽어주면서 '어때, 좋지' 하고 말했다. 고통 속에서도 매기는 미소를 지었다. 매기의 얼굴이 이때보다 더 아름다운 때는 없었다. 그 화면이 지워지지 않는다.

시 영화 너덧 편

시 영화는 시를 영화화한 작품이거나 시적 분위기가 다른 영화에 비해 많이 풍기는 영화로 생각해보겠다.

내가 평생을 통해서 본 영화가운데서 이런 시 영화로 남는 영화는 너덧 편에 불과하다.

시 영화로 가장 뚜렷하게 남아있는 영화가 『초원의 빛Splendor in The Grass』이다. 청년기에 본 사랑 영화라 감명 깊게 보았는지 모르겠다. 60년대 초가 아닌가싶다. 그 때는 외국영화, 특히 허리우드 영화가 물밀 듯이 들어왔고 아직도 그 명성을 능가할 수 없는 대작들이 쏟아져 나오던 시기이기도 했다.

내 선배 시인은 시 영화로 장 콕토Jean Cocteau의 『시인의 피』(1930)라는 영화가 있다고 말했다. 그래서 자료를 찾아보았더니 비디오테이프도, CD도 없고 다만 기록으로 남아 있을 뿐이었다.

유명한 멀티 예술가인 장 콕토는 시인과 화가로서 뿐 아니라 영화인으로도 유명해서 『시인의 피』(1930), 『오르페우스』(1950), 『오르페우스의 유언』(1960) 등을 만들었다. 이 3부 작 중에서 『오르페우스의 유언』은 '전작들의 실험성과 환상성이 종합적으로 펼쳐지면서 내러티브가 완전히 해체되는 한편의 영화-시cin´e-po`eme'를 형성 한다는 정평이 나 있다. 그러나 유감스럽게도 그 영화는 일반 관객이 지금은 구해 볼 수가 없다.

내 기억으로는 60년대 초에 본 『흑인 오르페우스』라는 감동적인 영화가 있었는데, 감독도 주인공들도 누구인지 기억에 없다. 다만 흑인들만 등장하는 영화인데 오르페우스 역의 남주인공이나 에우뤼디케 역의 여주인공도 너무나 잘 생기고 예뻐서, 그런 흑인도 있는가 하고 친구에게 이야기 했더니 그 친구 이야기가 백인을 전신 분장한 것이란다. 백인 배우의 전신을 검은 색으로 페인팅 한 것이라고 해서 나의 무식에 서로 한바탕 웃은 일이 있다.

여하튼 누가 나에게 이때까지 본 영화 중 가장 감동적인 좋은 영화가 어떤 영화인가 묻는다면 나는 『흑인 오르페우스』라고 서슴없이 말하겠다.

『초원의 빛』이외의 시 영화로는 30년도 훨씬 지나서 본 『죽은 시인의 사회Dead Poets Society』 『아제아제 바라아제』 『흐르는 강물처럼A River Runs Through It』정도이다. 어느 영화를 먼저 봤는지도 모르지만 좋은 영화들이라고 생각되었다. 간단하게 소개하겠다.

『초원의 빛Splendor in The Grass』

『초원의 빛』은 윌리암 워즈워드William Wordsworth1770~1850의 『Ode: Intimations of Immortality from Recollection of Early Childhood』의 10번 째 연의 후반부 시를 영화화 한 작품이다. 바로 아래에 원문과 번역을 적어 보았다.

Though nothing can bring back the hour
Of splendor in the grass, of glory in the flower;
We will grieve not, rather find
Strength in what remains behind;
In the primal sympathy
Which having been must ever be;

Out of human suffering;
In the faith that looks through death,
In years that bring the philosophic mind.

초원의 빛이여 꽃의 영광이여.
시간은 도리 킬 수 없을지라도
슬퍼하지 않고 힘을 찾으리라.
뒤에 남은 것에서
과거에도 있었고 언제나 있을 것이 틀림없는
원초적인 공감에서
인간의 고통으로부터 흘러나오는 위로의 생각에서,
철학적 정신을 가져오는 시기에
죽음을 투시하는 신앙에서.

이 짧은 시구를 가지고 감독인 엘리아 카잔은 진한 감동을 주는 영화를 만들었다. 주연은 청순한 미녀 나탈리 우드와 미남 워렌 비티였다. 그들은 이 영화로 영화 팬들의 우상이 되었다.

캔사스의 작은 마을이 무대이다. 고등학교에 다니는 버드(웨랜 비티)는 미남인데다 부잣집 아들이라 여학생들의 인기가 많다. 그러나 정작 그가 좋아하는 여학생은 윌마(나탈리 우드)이다. 윌마는 가난한 집 소생이지만 착하고 모범적인 소녀이다. 독실한 기독교인인 윌마는 버드를 사랑하지만 육체적 요구를 들어주지 않는다. 이에 불만을 갖고 버드는 다른 여학생과 어울린다. 연약한 윌마는 신경쇠약증을 보여 자살을 시도한다.

윌마의 부모는 딸을 보호하기위해서 그들의 교제를 금지시킨다. 두 사람은 괴로워하고 윌마의 정신쇠약은 정신병원에 입원하기에 이른다.

버드의 집도 파산하여 다른 지방으로 이사를 간다.

버드는 윌마의 친구였던 안젤리나와 결혼하여 평범하게 살고 있고 윌마 역시 치료를 받고 평범한 숙녀가 되었다.

어느 날 윌마는 버드를 방문한다. 친구 안젤리나와의 만남에 이어 송아지를 안고나온 버드와 어색한 만남이었다. 하지만 두 사람은 아직도 서로가 사랑하는 것을 알면서도 헤어진다.

얼마든지 이 세상에 있을 수 있는 이야기이다. 사랑의 상처를 안고 사는 사람이 우리 주위에 얼마나 많은가!

『아제 아제 바라 아제』

임권택 감독의 영화로 강수연, 신충식, 최종원, 안병경, 윤양하 등이 열연한 영화로 1989년에 나온 이 영화가 내가 선정한 시 영화 중 유일하게 국산 영화이다. 이 영화는 시 영화라고 할 수는 없다. 국산 영화에 좋은 시 영화가 없는 것이 유감이다.

스토리는 대략 이러하다.

세속의 업보를 짊어지고 여승이 되고자 입산한 순녀는 운명적인 만남과 기구한 운명으로 두 남자와 결혼하지만 연거푸 사별을 하고 다시 산사로 돌아온다. 순녀가 겪은 고생은 말할 수 없을 만큼 혹독했다.

이 영화는 사실 종교 영화이다. 인간이 이 세상에서 치러야하는 업을 표현한 영화이다. 그런데 왜 시 영화로 소개 하느냐 하면 끝 부분에 가서 대화가 시이다. 파란만장한 일생을 산 순녀와 여승과의 대화이다.

사리를 찾으십니까?
무엇하시려고, 그 허망한 것을, 그렇게 간직하려하십니까?

여승의 말에 여주인공인 순녀는 대답이다.

이 뼈를 천개 조각으로 쪼개가지고
여기저기 떠돌다 머무는 곳에
이 뼈를 넣어 탑을 만들 것입니다.
이 세상 모든 사람들의 가슴 속에 밝은 빛이 될 그런 탑을
꼭 천개만 만들 생각입니다.

슬픈 미망이군요.

여승의 말에 순녀의 대답

미망을 뒤집어쓰지 않고서
어떻게 미망 속에 갇힌 중생을 구할 수 있겠습니까?

여승의 독백이 이어진다.

잠 못 드는 사람에게 밤은 깊어라
피곤한 사람에게 길은 멀어라
바른 법을 모르는 어리석은 사람에게
아아, 생사의 발길은 길고 멀어라.

이 대화를 통해서 우리의 삶에서 과연 어떻게 사는 것이 가장 올바르게 사는 것인가 하는 문제를 뒤돌아보게 한다. 그것이 바로 간단하지만 사람들의 심금을 울리는 시의 힘이다.

『죽은 시인의 사회Dead Poets Society』

죽은 시인의 사회는 1990년 5월에 만들어졌다.-시인인 키딩 선생은 새 학기에 출신학교인 명문 사립인 월튼고등학교에 국어 선생으로 부임한다. 그는 새로운 수업방식으로 학생들의 인기를 한 몸에 모은다. 키딩 선생은 시인이기 때문에 보통 사람이 생각하지 못하는 기행을 서슴없이 행한다.

키딩 선생은 첫 수업시간에

시간이 있을 때
장미꽃 봉오리를 거둬라
시간이 흘러 오늘 핀 꽃이
내일이면 질 것이다.

현재를 즐기라며 수업을 시작한다. 둘 째 시간에는 교과서를 찢어버리도록 한다. 형식적인 교육을 배격하는 돌출행동이다.

키딩 선생은 시, 미, 낭만, 사랑은 삶의 목적이라며 휘트먼의 시를 인용하며 다음 같이 말한다.

오, 나여! 오 생명이여!
수없이 던져지는 이 의문!
믿음 없는 자들의 장사진과 바보들로 넘쳐흐르는 도시
아름다움은 어디서 찾을까?
오, 나여! 오 생명이여!

대답은 한 가지 내가 거기에 있다는 것

생명과 존재가 있다는 것
화려한 연극이 계속되고
너 또한 한 편의 시가 된다는 것
여러분의 시는 어떤 것일까?

닐, 녹스, 토드 등 7명은 이런 키딩 선생을 존경하며 따른다. 그리고 키딩 선생이 말한 옛 서클 '죽은 시인의 사회'를 이어가기로 한다. 그들은 엄격한 규율로 금지된 교칙을 어기면서 시를 낭송하고 담배도 피워보고 여자 친구도 만나보고 하는 자유로운 생활을 몰래 해본다. 닐은 그가 좋아하는 연극을 하고 싶어 한다. 그러나 닐의 아버지는 아들이 의사가 될 것을 강요하면서 말을 안 들으면 군사학교로 전학시키겠다고 위협한다. 자신의 꿈이 꺾인 닐은 기존사회와 아버지에 대한 반항으로 권총 자살을 하고 만다.

결국 키딩 선생은 닐의 자살 사건에 책임을 지고 그 학교에서 쫓겨난다. 학생들은 이런 키딩 선생에게 오히려 훌륭한 선생으로 찬사를 보낸다. 키딩 선생은 그런 학생들을 보며 학교를 떠난다.

이 영화는 사회고발적인 요소를 다분히 가졌다. 감수성이 예민한 고등학교 학생들이 보고 좋아할 영화라는 생각이 들었다.

마르셀 카뮈의 『흑인 올훼Black Orpheus 1949』

앞에서 잠깐 언급한 『흑인 올훼』는 브라질, 이태리, 프랑스의 합작품이다. 자료를 찾아보았더니 프랑스 출신 마르셀 카뮈Marcel Camus 감독이 브라질의 시인 비니시우스 데 모라에스Vinicius de Moraes의 희곡을 영화로 만들었다. 남자 배우 브레노 멜로, 여주인공 마르페사 돈이 출연했다. 돈은 감독의 부인이다. 칸느영화제 그랑프리 등 많은 상에 빛나는 영화이다. 이해를 돕기 위해서 어느 영화 비평가가 쓴 다음 글을 소개한다.

그리스 신화중 오르페우스(올훼)와 에우뤼디케(Eurydice · 유리디스)의 에피소드를 남부 브라질의 흑인에게 맞추었다라고 하는 착상이 훌륭하다. 사랑하는 아내를 잃은 오르페우스가 지하 세계로 내려가 죽음의 신에게 아내를 다시 돌려 줄것을 간절히 부탁하면서 하프를 켜자 그 아름다운 선율에 감동한 죽음의 신은 에우뤼디케를 돌려 보내기로 하는 대신 지상의 세계로 가는 동안 절대로 뒤따르는 아내를 돌아보지 말것을 명령한다. 앞선 오르페우스는 지상에 거의 다와서는 그만 궁금함을 참지 못하고 뒤를 돌아보고 마는데 뒤따라 오던 에우뤼디케는 그만 다시 지하의 세계로 떨어지고, 오르페우스는 미쳐서 죽고 만다는 신화!

영화의 줄거리는 다음과 같다.

무대는 세계 3대 미항의 하나인 리오의 흑인 마을이고 시기는 카니발 전후이다.

죽음의 가면을 쓴 정체불명의 사나이Ademar Da Silva 에 쫓기는 유리디스Marpessa Dawn가 사촌 언니인 세라피나Léa Garcia를 찾아간다. 세라피나가 사는 마을에 올훼Breno Mello의 집이 있다. 올훼는 시내의 전차 운전수이다.

그는 노래를 잘 불러 새도, 양도 올훼의 노래를 즐겨 듣고 경찰관까지 그의 노래에 반한다. 유리디스도 올훼의 기타연주와 노래에 반한다. 눈이 마주친 두 사람 사이에 사랑이 싹튼다.

올훼의 약혼자 미라Lourdes de Oliveira는 이를 눈치 채고 유리디스를 잡으려고 달려들었다. 도망치는 유리디스를, 이번에는 죽음의 가면을 쓴 사나이가 뒤따른다. 필사적으로 전차 차고에 숨어들었으나 천장밖에 올라갈 수가 없었다. 그녀의 손이 고압선에 닿았을 때, 뛰어온 올훼가 차고 속을 밝게 하려고 전기스위치를 올렸다. 그러자마자 섬광과 함께 유리디스는 싸늘한 시체가 되고 만다.

유리디스는 죽었다. 죽은 그녀를 안고 올훼는 거리를 헤매다가 신화에서처럼 지하 세계로 내려가 지하 신에게 유리디스를 살려줄 것을 애원하면서 하프를 켜며 노래를 부른다. 음악에 반한 지하신이 유리디스를 살려줄 것을 약속하면서 조건을 단다. 지상의 세계로 가는 동안 절대로 뒤돌아보지 말 것을 부탁한다. 온갖 악마와 맹수의 부르짖음과 유리디스의 비명소리에 올훼는 순간 자제력을 잃고 뒤를 돌아보고 만다. 유리디스는 부활하지 못하고 죽는다. 해가 뜰 무렵 올훼는 유리디스의 시체를 안고 집으로 돌아온다.

질투에 미친 미라는 올훼의 집을 불태운다. 유리디스를 안고 오는 올훼를 보고 눈이 뒤집혀 돌을 던진다. 이마에 돌을 맞은 올훼는 유리디스를 안은 채 절벽으로 떨어져 죽는다.

아침 해가 뜰 시간, 올훼의 기타 연주를 듣고 태양이 떠오른다고 믿는 꼬마 베네디토Jorge Dos Santos는 제카Aurino Cassiano에게 올훼의 기타를 치라고 말한다. 제카가 기타를 퉁기자 태양이 정말 떠오르기 시작한다. 한 소녀가 나타나 제카에게 한 송이 꽃을 준다. 소녀가 삼바춤을 추고, 꽃을 든 제카가 뒤따르고, 새로운 올훼와 유리디스처럼 불멸의 사랑은 계속될 것이다. 새로운 태양 아래 꼬마들이 흥겹게 춤을 추는 것으로 영화는 끝난다.

아침! 이토록 아름다운 아침에는, 내 인생에 새로운 노래가 샘솟아요.오직 그대 눈동자, 그대 미소, 그대 두 손에 바치는 노래랍니다.당신이 찾아온 그날이거든요.내 기타의 줄들도 당신의 사랑만을 찾고,거기서 흘러나온 목소리도 당신 입술에서 길 잃은 키스에 대해 이야기하죠.나의 가슴은 노래 부르고,기쁨은 다시 돌아왔어요.이 얼마나 행복한 사랑의 아침인가요!

슬픔에는 끝이 없지만 행복에는 끝이 있어요.행복은 바람이 하늘로 띄워준 깃털과 같아 가볍게 날아오르기도 하지만, 그 생은 너무도 짧아 바람이 끊임없이 불어주기만 바랄 뿐이죠.행복은 꽃잎 위에 머무는 이슬방울 같아 평화롭게 빛을 내기도 하지만, 작은 흔들림에도 떨다가 사랑의 눈물처럼 떨어지지요.가난한 이들의 행복이란 카니발의 커다란 환상과 같아 한 순간의 꿈을 위해 일 년 내내 일하면서,왕이거나 해적이거나 정원사이거나 맡은 장면을 연기하지만, 모든 건 재[灰]의 수요일이 되면 끝나고 말지요.

제 3 부 명화『흐르는 강물처럼A River Runs Through It』감상

명화 『흐르는 강물처럼A River Runs Through It』감상

내 경우는 『흐르는 강물처럼A River Runs Through It』과 같은 영화를 좋아하는 편이다. 몇 번을 봐도 질리지가 않는다.

이 영화는 1993. 4월에 개봉되었으니 이미 10년이 넘은 옛날 영화지만 다시 보아도 감동이 새롭다. 나는 이 영화를 TV와 CD로 수없이 많이 봤다. 볼 때마다 감동이 새로웠다. 물론 이 평가는 내 기준일 뿐 요즈음 젊은이들은 그렇지 않을 것 같다. 이 영화에는 진부한 남녀의 사랑 이야기가 main story가 아니다. 사랑보다 더 근본적인 문제를 다루고 있다. 그렇다고 철학적인 문제도 아닌 인생의 가장 보편적인 '어떻게 사느냐?'라는 문제를 다루면서 인생의 기본 문제를 제시하고 있음을 알 수 있다.

이 영화는 감독에 로버트 레드포드, 주연에 크레이크 셰퍼(노만), 브래드 피트(폴), 톰 스케릿(아버지), 브렌다 블레신(어머니), 에밀리 로이드(노만의 애인) 등이 출연한다. 물론 허리우드 영화다.

장로교 목사인 아버지와 평범한 주부인 어머니, 두 아들의 가족사를 그린 영화인데, 큰 아들이며 은퇴한 영문학 교수인 노만이 낚시를 하면서 살아온 삶에 대한 회상으로 전개된다.

영문학 교수가 주인공이니만큼 문학적인 표현들이 도처에 깔려있어 이 영화의 수준을 높여주고 있다. 가령 다음과 같은 구절이다.

> 과거로 과거로 시간을 날아가면
> 나는 어린이가 된다.
> 바로 오늘밤을 위해서

미국의 서북쪽에 위치한 몬타나주의 빅 블랙풋강 주변의 아름다운 자연과 아버지의 교육, 플라잉 낚시에 얽힌 성장과정의 추억들이 아름답게 전개되어 누구나 자신의 과거를 되돌아보게 하는 좋은 작품이다.

특히 노만의 동생인 폴에 대한 회상은 감동 그 자체이다. 배를 타고 폭포를 내려가는 모험과 용기, 그와 벌린 큰 싸움과 어머니의 중재, 폴이 플라잉 낚시로 대어를 잡는 장면, 플라잉 낚시를 자녀교육의 일부로 활용한 아버지의 지혜로운 교육들이 시사 하는 바가 크다.

『가을의 전설』과 『트로이』등에서 인상적인 연기를 한 브래드 피트의 어린 시절의 연기를 보는 것도 재미있다.

이 영화는 '93년 아카데미 최우수 촬영 상을 받을 만큼 자연미를 담는 데에 성공했다. 이런 자연의 경치와 주제음악이 절묘한 조화를 이루어 영화의 서정성을 한층 높이고 있다.

지적이며 정적인 형 노만(크레이그 셰퍼)과 달리 자존심이 강하고 자유분방하며 동적인 동생 폴(브레드피트)은 남 달리 우정이 깊은 형제지만 동생은 직업이 기자인데다가 놀기를 좋아하고 술과 포커를 즐겨 부모의 속을 썩인다. 인디안 여자를 사랑하는 폴은 결국 거리에서 권총을 맞고 죽는다.

폴의 비극은 예견된 것이었다. 어린 시절부터 늘 부뚜막에 올려놓은 아이 같아 부모들이 조바심을 가질 수밖에 없었다. 그런 독특한 자질을 타고난 아이라 교육자이며 종교가인 아버지도 어쩔 수가 없었다.

이런 가족의 비극적인 사건이 있었지만 아버지의 신앙심은 변동이 없었다.

아버지와 장남인 노먼의 문학적인 향기가 짙은 시적인 표현은 이 영화를 한 단계 격상시키는 요소이다. 다음은 노만이 사랑하는 연인 제시에게 보낸 연서이다.

제시에게,

머리 위에 아쉬운 듯 남아있던 달빛도 이제 어둠 속으로 사라지고 내 마음 속에 노래로 가득 차 있소.
내가 하는 낮은 목소리는 음악에 맞춰 부르는 게 아니라, 어떤 먼 곳에 대한 기억을 회상하며 부르는 것이었소.
사슴 이외에는 아무도 오지 않던 들판이었는데
먼 곳에 대한 기억은 당신의 감촉으로 더 강해지고 있소.
서툴었던 내 팔에 안겼던 그 감촉 말이요.

다음은 동생과 그의 연인인 인디안 여인, 제시와 노만이 주점에서 술잔을 들고 읊은 노만의 시구이다.

내 초가 있는 힘을 향해 빛을 태우니
비록 이 밤을 다 밝히지 못해도
내 적과 벗들을
모두 따사롭게 비추리라.

다음은 아버지가 즐겨 인용한 설교 시구 이다. 노만은 이 시를 외우고 있었다. 어느 날 아버지가 이 시구를 읽고 있을 때 노만이 받아 외운다.

아무 것도 꽃과 풀 속의 영광된 시간을
돌려놓을 수 없지만
우리는 슬퍼하지 않으며
오히려 속에 담겨있는 주의 권능을 발견한다.
언제나 함께했던 태고 적부터의 동정 속에
고통을 체득하고 나온 위로의 마음속에
죽음 앞에서도 변치 않는 믿음 안에
우리들 살아있게 해주는 심장덕분에
그 심장의 따뜻함과 기쁨과 두려움 덕에
바람에 날리는 가장 연약한 꽃 한 송이조차
눈물로 흘려보내기엔 너무 깊은 상처를 준다.

아버지의 마지막 설교는 죽은 아들 폴에 대한 회한으로 남아 있다. 나는 이 대목에서 그만 눈물을 흘리고 말았다. 진실로 경험하지 않은 사람 아니고는 표현할 수 없는 부분이다. 나도 똑 같은 경험을 여러 번 했기 때문이었다.

우리는 누구나 일생의 한 번 쯤은
사랑하는 사람이 불행에 처한 걸 보고
이렇게 기도합니다.
기꺼이 돕겠습니다. 주님!
그러나 정작 도움이 필요할 때
우리는 가장 가까운 사람조차
돕지 못하는 게 사실입니다.

무엇을 도와야할지도 모르고
때로는 그들이 원하지도 않는 도움을 줍니다.
가족들 간에도 마찬가지일 수 있습니다.
하지만 우리는 여전히 사랑합니다.
완전히 이해할 수는 없어도
완전히 사랑할 수는 있습니다.

그리고 영화의 마지막에서 푸라잉 낚시를 하면서 노먼이 하는 독백은 훌륭한 시이다.

사랑했지만 완전히 이해하지는 못했던 이들이 모두 떠나갔다.
제시조차도
그러나 나는 아직 그들과 교감하고 있다.
지금 나는 훌륭한 낚시꾼이 되기에는 너무 늙어버렸다.
하지만 홀로 낚시를 하곤 한다.
말리는 친구들이 있기도 하지만 말이다.
하지만 아슴푸레한 계곡에 홀로 있을 때면
존재하는 모든 것이 내 영혼과 기억들....
빅 블랙풋 강의 소리와, 4박자의 리듬....
고기가 물리길 바라는 희망 속으로 사라졌다가
결국 하나로 녹아들고....
강물을 따라 흘러가는 것 같다.
강은 대 홍수로부터 생겨나서
태초의 시간부터 바위위로 흘러간다.
어떤 바위 위에는 영겁의 빗방울이 머물고
또 바위 밑에는 하나님의 말씀이 있어서
그 말씀이 곧 그들의 역사가 되기도 한다.

나는 그 강물에 넋을 잃고 마는 것이다.

이렇게 멋있는 시구를 발견해서 감상문에 적어 넣는 것이 내가 영화를 보는 이유이다. 나는 이 영화를 볼 때마다 영화와 시가 주는 감동에 그만 압도당해 넋을 잃고 말았다.

또 다른 하나의 시

하지만 아슴푸레한 계곡에 홀로 있을 때면
존재하는 모든 것이 내 영혼과 기억들....
빅 블랙풋 강의 소리와, 4박자의 리듬....
고기가 물리길 바라는 희망 속으로 사라졌다가
결국 하나로 녹아들고....
강물을 따라 흘러가는 것 같다.
강은 대 홍수로부터 생겨나서
태초의 시간부터 바위위로 흘러간다.
어떤 바위 위에는 영겁의 빗방울이 머물고
또 바위 밑에는 하나님의 말씀이 있어서
그 말씀이 곧 그들의 역사가 되기도 한다.
나는 그 강물에 넋을 잃고 마는 것이다.

『안개 속의 풍경Landscape in the Mist』

그리스의 영화감독 테오 앙겔로풀로스의 작품인 『안개 속의 풍경Landscape in the Mist』에 대해서 Newyork Post는

> 좋아하려고 해도 잘 안 되는 영화가 있는가하면, 싫어하고 싶어도 도저히 싫어할 수 없는 영화가 있다. 『안개 속의 풍경』이 바로 후자에 속하는 영화이다. 이 영화로 세계적인 인정을 받은 테오 앙겔로풀러스는 지금까지 영화가 도저히 성공하지 못했던 영혼의 영상을 만들어냄으로써 최고의 위업을 이룩했다.

또 이 영화의 선전문에는, 선전문이라는 것이 식상하지만.

> 역사와 현실에 대한 날카로운 해부와 시적인 서정성, 아름다운 영상미와 가슴 아리도록 감미로운 주제음악이 절묘한 조화를 이룬 이 걸작

이라고 쓰고 있다. 최대의 찬사가 아닌가 싶다. 사실 이 영화는 요즈음 보기 드문 문예물이다. 이 영화에는 시적 잠언들과 상징들이 너덧 개 나온다.

이 영화를 보지 못한 사람들을 위해서 먼저 영화의 줄거리를 간단하게 요약하겠다.

엄마와 함께 살고 있는 알렉산더와 불라는 아빠를 찾아 무작정 북쪽으

로 가는 기차에 승차한다. 그들은 무임승차한 기차에서 쫓겨나 정처 없이 걸어서 여행을 계속한다.

고개 마루에서 차를 고치고 있는 미남 청년 오레스테스를 만나 그의 차에 타고 시내로 들어간다. 오레스테스는 유랑극단에서 일하는 청년이었다. 불라와 알렉산더는 낯선 거리에서 결혼식 날 슬피 우는 신부와 눈보라가 치는 거리에서 사람들의 무관심 속에 죽어가는 말, 시멘트로 상징된 도시문명 등 슬프고 비참한 그리스의 현실들을 경험한다.

오레스테스와 헤어져 북으로 가다가 트럭을 얻어 탄 두 남매는, 전날 밤 레스토랑의 종업원에게 치근거리다가 무안을 당한 그 트럭 운전사에게 불라는 강간을 당한다.

다시 오레스테스와 만난 불라는 첫사랑의 벅찬 감정을 경험한다. 불라는 강간의 상처와 첫사랑의 애틋함 사이에서 고통스러워한다.

그러나 우연한 기회에 첫사랑의 상대인 오레스테스가 동성연애자임을 알게 된 불라는 절망하면서 그의 곁을 떠난다. 그들의 뒤를 쫒아온 오레스테스의 가슴에 안겨 흐느껴 울면서 첫사랑과 가슴 아픈 이별을 한다. 그들은 다시 아빠를 찾아 여행을 계속한다.

국경지대에 도착하여 여권이 없는 남매는 한밤중에 몰래 쪽배를 타고 호수를 건너려한다. 캄캄한 어둠 속에 그들을 향해 쏜 국경 수비대의 총소리가 들린다. 그러나 날이 밝자 환상 같은 안개 낀 희미한 풍경 속에서 어린 남매는 언덕 위의 한 그루 나무를 향해 천천히 걸어가면서 영화는 끝난다.

> 내가 부르짖더라도 천신의 반영 중에서
> 누가 나를 듣겠느냐?

처음엔 어둠이야, 그 후에 빛이 만들어졌지

외로운 작은 소녀야, 첫 사랑이란 다 그런 거야.
심장은 부서질 듯 두근거리고

이런 멋진 시구는 영화와 꼭 잘 어울린다고 말할 수는 없다. 솔직히 좀 어색한듯했다. 그러나 전체적인 영화는 시적 분위기를 풍기는 좋은 영화임을 두 말 할 필요가 없었다.

『베를린 천사의 시DER HIMMER UBER BERLIN』

『베를린 천사의 시DER HIMMER UBER BERLIN』는 엄밀히 말해서 서독의 영화이다. 사실 독일 영화는 미국이나 프랑스 영화에 밀려난 감이 있다.

내가 영화광이었을 때는 훌륭한 배우들이 참 많았다. 대충 생각나는 배우들을 열거해보면 아름다운 여배우로는 엘리자베스 테일러, 비비안리, 그래이스 캐리, 나타리 우드, 지나롤로브리지다, 센드라디, 킴 노박, 데보라 카, 오드리 헵번 등이다. 꽃미남 이라고 할만한 남자 배우로는 말론 브랜도, 제임스 띤, 아란 드롱, 트로이 도나휴, 워렌 비티, 촬톤 헤스톤, 클라크 게이블, 록 허드슨, 카그 다그라스, 윌리암 홀덴, 로버트 테일러, 율브린너 등이다. 그러나 우리들은 배우들을 그다지 존경하지 않았다.

전쟁 후라 실존주의가 대 유행하던 시절이어서 문인이나 철학가들이 우리들의 우상이었다. 니이체, 키엘케골, 야스퍼스, 하이데카 등의 철학가와 빅톨 유고, 릴케, 장곡도, 발레리, 엘리엇트 등의 시인과, 도스또에프스키, 조이스, 푸르스트, 카프카, 싸르트르, 카뮈 등의 소설가들이었다.

우리는 또한 '르네상스', '돌체', '뉴우월드'에서 엘비스 프레슬리라던가 크리프 리차드를 만났다. 샹송과 재즈, 칸초네에 정신을 몽땅 빼앗겼다.

지금 청소년들의 우상은 배우, 가수, 스포츠맨을 꼽는다. 그러니 세대 차이가 날 수밖에 없다. 그 당시 유명했던 배우들은 대부분 저 세상으로 갔다.

현존하는 영화감독 중 포스트모던이즘, 실험영화를 만든다는 독일의 빔 벤더스가 『베를린 천사의 시』 칸영화제 감독상을 수상하였다. 그의 대표작이라고 할 수 있는 이 작품은 영화를 보기 전에 예습이 필요하다.

이 영화는 흑백과 컬러가 대조적으로 나오는데 영적인 것과 물질적인 것, 영원과 현실, 천사와 인간의 시선 등 중요 의미를 대조적으로 표현하고 있어 사전 지식이 없다면 혼란을 가져오기에 충분하다.

줄거리는 다음과 같다.

천진무구한 어린이의 눈에만 보일뿐 어른의 눈에는 보이지 않는 천사 다미엘과 카시엘은 베를린에 살게 된다. 두 천사는 거리를 순회하며 병든 사람들, 노약자와 어린이들을 돌본다.

어느 날 다미엘은 서커스단에서 공중 그네를 타는 마리온을 만난 후 사랑에 빠진다. 마리온을 보고 잊을 수 없는 천사 다미엘은 카시엘의 반대를 무릅쓰고 천사의 직위를 포기하고 인간이 된다는 이야기이다.

다분히 알레고리적인 이 이야기는 커다란 반향을 일으킨다. 이 점이 이 영화의 가치인 것 같다.

두 편의 영화와 한 편의 드라마

재작년 5월 SBS의 드라마 『토지』의 종영을 보면서 두 편의 영화 『전쟁과 평화』와 『바람과 함께 사라지다』가 생각났다. 우리가 알다시피 위의 두 편의 영화는 영화사상 가장 유명한 작품이다. 그런데 『토지』는 영화화 될 수 없는가? 영화화 되면 『전쟁과 평화』나 『바람과 함께 사라지다』에 못지않은 영화가 될 터인데. 내가 한국 사람이라 이런 생각을 하는 것일까. 하는 아쉬움 이 있었다.

『토지』는 단지 TV에서 3번 드라마 화 되었다.

1979, 1987, 2004년의 일이다.

『토지』와 『전쟁과 평화』, 『바람과 함께 사라지다』는 대하 소설이라는 공통점을 갖고 있다. 그리고 인기가 아주 좋은 명작이었다. 그런데 『전쟁과 평화』와 『바람과 함께 사라지다』는 영화화 되어 세계인의 영화가 되었는데 『토지』는 안방의 문턱을 못 넘고 있다. 도대체 그 이유가 무엇인가? 요즈음 우리나라 영화가 장족의 발전을 해서 국제적인 상도 더러 탄다고 매스컴에서 떠드는 것 같은 데 그게 다 헛소리였단 말인가! 그렇지 않으면 허리우드에서 『토지』를 영화화하기를 기다리고 있는 것인가. 그것이 가능하기나 한가.

『토지』는 언어의 장벽 때문에 우리나라를 뛰어넘지 못하고 있다는 말인가. 이 말은 영화 화 되어서 넓은 세계로 나가면 소설이 매스컴을 탈수 있지 않을까 하는 반대쪽의 생각도 갖게 한다.

짐작하건데 『토지』는 돈 벌이가 안 된다는 것일 것이다. 돈 벌이는 되겠지만 확실하지 않고 위험부담이 된다는 이야기일 것이다. 젊은이들의 취향에 맞지 않는 작품이라는 이야기인 것 같다.

하긴 『전쟁과 평화』나 『바람과 함께 사라지다』도 지금의 젊은이들에게 어필할 수 있을까? 올드 펜이나 좋아하지 젊은이들은 별로 좋아하지 않을 것 같다. 다시 말하면 『전쟁과 평화』나 『바람과 함께 사라지다』도 지금은 영화로 만들 수 없는 작품이라는 뜻이다. 이미 이 영화들은 영화의 고전이다.

『토지』와 『전쟁과 평화』, 『바람과 함께 사라지다』의 공통점

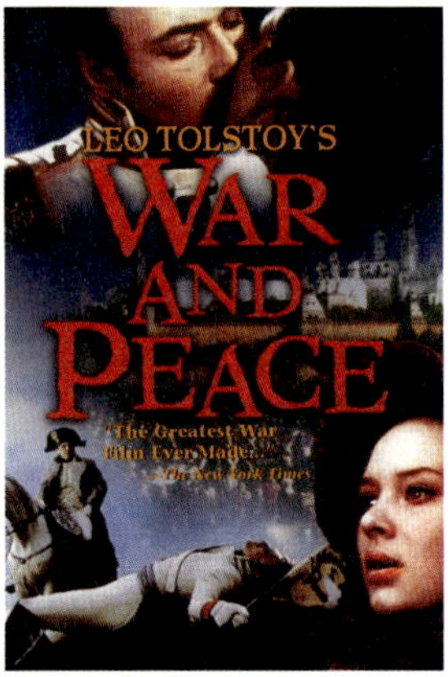

영화 『전쟁과 평화』는 러시아 소설이지만 미국이 만든 영화이다. 미국의 유명한 영화사인 파라마운드사가 엄청난 규모의 제작비를 드린 영화이다. 1977년에 3시간 15분짜리로 재개봉되었다.

『바람과 함께 사라지다』는 너무 유명해서 부언할 필요가 없을 것이다. 이 영화는 세계 영화사상 최고의 영화로 평가받고 있다.

『바람과 함께 사라지다』를 번역한 이종순은 '이 소설은 그 구상으로 보나 등장인물의 성격 취급양식으로 보나 『전쟁과 평화』와 매우 흡사한 것으로 생각 된다'라고 말하고 있다. 작가 자신도 『전쟁과 평화』의 영향을 가장 강하게 받았다고 고백한 바 있다. 이렇게 대작들은 작가들이 의식하든 의식하지 않든 간에 연관성이 있을 수 있는 것은 인간의 사고思考의 보편성 때문일 것이다.

그런데 내가 보기에는 『토지』도 『바람과 함께 사라지다』와 많은 공통점을 가지고 있다. 주인공과 스토리도 비슷하다. 갈등구조도 비슷하다.

작가가 둘 다 여성이라는 점도 같고 작품의 무대도 미국과 한국의 남부이다. 타라와 평사리는 둘 다 시골이다. 스칼렛도 타라를 떠나 에틀란타로 가고 최서희도 평사리를 떠나 이국인 간도로 간다. 가장 중심이 되는 주인공도 4명씩이다. 가장 중심이 되는 주인공이 여자이다. 『토지』에서는 최서희와 길상, 봉순이와 이상진이 있고, 『바람과 함께 사라지다』에서는 스칼렛과 레트, 애쉴리와 맬라니가 있다.

『전쟁과 평화』에는 나스타샤, 안드레이, 파웰이 주인공이다. 4명이 아닌 3명이다.

『전쟁과 평화』의 주인공은 민중이라고 한다. 이 소설에는 559명의 등장인물이 있다. 『토지』와 『바람과 함께 사라지다』에도 민중의 묘사가 밀도 있게 전개된다. 『토지』에서는 동학활동이 바로 민중이고 『바람과 함께 사라지다』에서는 남북전쟁이 바로 민중들에 의한 힘의 폭발이 아닐까.

세 작품 모두 땅에 대한 이야기가 집중적으로 다루어지고 있는 점도 공통된 점이다. 역사박물관에서 톨스토이전을 본 일이 있는데 그는 문학가로의 업적 뿐 아니라 사상가, 종교가, 교육자로서 폭넓은 삶을 산 분임을 알았다. 그는 러시아의 힘은 민중에게 있음을 수시로 역설했다.

시대적 배경도 3편 다 암울한 시기이다.

최서희와 스칼렛 오하라는 둘 다 토지를 토대로 해서 끈질긴 생명력과 왕성한 활동을 하는 여주인공들이다. 최서희에게는 종과 소작인이 있고 스칼렛에게는 농노인 흑인들이 있다. 둘 다 대지주의 딸들이다. 고생을 전혀 모르던 그녀들이 격변하는 세계와 운명에 의해서 힘든 세상을 살아가는 파란만장한 생애가 보는 이로 하여금 연민을 느끼게 한다. 영화의 도입부도 비슷하다. 둘 다 축제의 자리에서 시작한다. 『바람과 함께 사라지다』는 13개의 참나무집의 무도회에서 시작하고 『토지』는 한가위 날의 풍물놀이에서 시작한다.

스칼렛은 서희보다 강하고 적극적이지만 애쉴리와의 사랑에 실패한다. 반면에 서희는 봉순이로부터 길상을 힘 안 드리고 빼앗는다.

영화가 끝나는 마지막 장면이 동서양의 차이만큼이나 달랐다고 느꼈기 때문이었다. 최서희는 감옥에서 나온 길상에게 토지를 소작인에게 나누어 주겠다는 말을 한다. 물론 일본 순사의 강제 헌납의 위협에 처한 상태이지만, 토지는 나 같은 사람이 소유할 수 없는 것이라고 말한다. 토지는 마땅히 농사를 지어야 할 사람이 가져야 된다고 생각한다. 길상은 참 잘했다고 동의 한다. 최서희는 몇 십년이 흐른 후에야 그나마 땅에 대한 올바른 생각을 하게 된다.

이에 반하여 스칼렛 오하라는 레트가 떠난 후 다시 타라에 가서 새로운 출발을 다짐한다. 새로운 출발을 땅을 굳게 딛고 서서 '타라는 새로운 희망'이라고 외친다. 최서희는 땅을 떠나고 스칼렛은 땅에 돌아간다. 이 차이는 노장 철학과 프라그마티즘의 차이만큼이나 크다는 것을 느꼈다.

물론 둘 사이의 환경이 다르긴 하다. 흑인 노예들은 스칼렛의 땅을 원하지 않았다. 그러나 최서희의 소작인들은 토지를 소유하는 것이 바로 생존이기 때문에, 좁은 면적의 토지라도 생존 할 수 있는 유일한 방법이기 때문에 토지를 원했다.

『전쟁과 평화』는 농노의 해방을 부르짖고 있다.

『바람과 함께 사라지다』의 스칼렛이 『토지』의 최서희 보다 더 혹독한 시련을 당했다. 그리고 항상 그 시련을 극복하는 억척스러움을 보인다. 그녀의 주위에는 아무도 없었던 때가 많았다. 사랑의 복수를 위하여 애정도 없는 사람과 결혼을 하고 돈을 위해서 정략결혼도 한다. 극한상황에 가서는 살인을 저지른다. 그러한 인물 설정이 스칼렛이 미국의 신여성 모델이 되도록 했다. 스칼렛은 미국적인 새로운 여성상이다. 최서희는 한국적인 여성상으로 손색이 없지만 그 전통에서 크게 벗어난 것이 아니다. 이점은 다른 점이다.

두 주인공은 성에 대한 인식도 다르다. 스칼렛은 개방적이고 최서희는 정조관념이 강하다. 그것은 작가의 생각이 무의식적으로 들어난 면이라고 볼 수가 있다.

스칼렛에 비해서 최서희는 어려운 시절이 있었지만 애기씨와 마님으로 불리워졌다. 수호신 같은 길상이를 비롯해서 많은 사람들이 늘 그녀 주위에 있었다. 새로운 한국적인 여성 모델이라고 보기에는 부족할 것 같다.

『바람과 함께 사라지다』는 소설 뿐 아니라 영화사상 가장 유명한 영화이기 때문에 분명히 『토지』보다 더 유명하다. 아카데미상을 많이 수상했다. 이에 비하여 『토지』는 영화화 되지 않고 TV 연속극으로만 나왔다. 그래서 CD를 구해서 볼 수도 없다. 물론 소설의 분량 면이나 질로 볼 때 『토지』가 우수한 작품이라고 생각한다. 토지는 본격 소설인데 반하여 바람과 함께 사라지다는 보다 더 대중적이고 역사적이다. 물론 대중문화가 문화를 주도하는 현 시점에서 이런 말을 한다는 것이 의미가 없겠지만 말이다.

나는 지금까지 『토지』는 본격소설, 『바람과 함께 사라지다』는 대중소설이라고 생각했다. 분량 면에서 뿐만 아니라 집필한 시간에서도 『바람과 함께 사라지다』는 적수가 못된다.

『토지』와 『바람과 함께 사라지다』의 비교

『토지』에는 노장철학과 불교가 있다. 신흥 강대국인 미국에서는 존 두이의 프라그마티즘이 있다. 그래서 『바람과 함께 사라지다』의 배경은 실용주의이다.

인기 면에서는 『바람과 함께 사라지다』가 더 높지 않을까. 발표 당시 인기 면에서 볼 때도 후자가 더 유명하다고 본다. 『바람과 함께 사라지다』는 대중적인 인기가 높아 3000만부 이상 팔렸다고 한다. 번역도 40 개국에서 이루어졌다니 어마어마한 것이 아닌가. 비비안 리와 크락크 케이블이 열연한 영화 『바람과 함께 사라지다』의 인기는 더 말할 필요가 없다. 『토지』는 내 좁은 식견으로는 높은 문학적인 성취도와 방대한 스케일, 등장인물의 다양성, 역사와 풍속과 고유한 전통미를 부각한 서술의 우위가 『바람과 함께 사라지다』를 능가한다고 생각한다. 그러나 한국어라는 언어의 장벽 때문에 그리고 외국어로의 번역의 어려움 때문에 미국과 한국 이라는 국력의 수준 때문에, 독서인구의 열세 때문에 손해를 많이 보고 있다.

『전쟁과 평화』는 『바람과 함께 사라지다』보다 소설로는 성공한 작품이나 영화로는 『바람과 함께 사라지다』보다 성공한 작품이라고 이야기할 수가 없다.

가장 중요한 것은 이런 대작을 영화화 할 수 없는 우리나라 영화산업의 한계 때문일 것이다.

『토지』도 『전쟁과 평화』 『바람과 함께 사라지다』처럼 영화화 될 날을 고대한다.

동화의 영화 『네버랜드neverland를 찾아서』의 감상

동화로 만든 영화가 히트를 치는 현실이다. 해리 포터가 그것을 증명해주었다. 초라한 이혼녀가 자녀를 양육할 돈벌이를 위하여 쓴 어린애들의 동화가 독서계와 영화계에 핵폭발을 일으킨 것이다. 그것은 가히 쓰나미 라고 할 수 있다.

그러면 현대는 왜 만화나 동화가 이렇게 만인이 좋아하는 분야가 되었는가? 왜 슈퍼맨이 그렇게 인기가 있었는가? 중국의 무협소설이 왜 인텔리에게 까지도 그렇게 인기가 있었던가? 황당무계荒唐無稽한 홍콩 영화를 좋아하는 사람이 왜 여전한지?

그것은 대중문화의 위력 때문일 것이다. 사람들은 여러 사람이 부담감 없이 좋아할 수 있는 편안한 예술을 좋아하게 된 것이다. 귀족문화와 반대되는 이러한 문화는 시민사회의 발달과 더불어 꾸준히 성장해 왔다.

내면적으로 더 깊이 탐구해보면 환상적인 것만이 현실의 고달픔을 조금이라도 해소해주기 때문이다. 현대를 살아가는 소시민들은 현실에서 도피하고 싶은 심리를 누구나 가지고 있다. 그러한 심리와 만화나 동화가 맞아 떨어졌다고 할 수가 있다.

만화와 동화의 위력은 디즈니랜드와 같은 유원지에서 비롯된다고 할 수가 있을 것 같다. 유소년, 소녀기의 깊은 감동의 순간들이 잠재의식에 숨어 있으면서 청장년이 되어서도 유지되는 것으로 생각된다.

지난봄에 동경 디즈니랜드에 가 볼 기회가 있었다. 그곳에 가서 일본이 만화대국으로 성장한 이유의 하나를 발견했다.

동경 디즈니랜드는 1983년에 미국밖에 세워진 최초의 디즈니 유원지이다. 우리가 알다시피 디즈니랜드는 세계에서 가장 유명한 유원지의 하나이다. 사랑과 꿈, 낭만과 놀이가 어우러지는 디즈니랜드가 동경에 세워진 것은 일본 사람들의 문화에 대한 열린 사고를 알 수 있다. 프랑스 파리에도 디즈니랜드가 1992년에 개장됐다.

현대의 거의 모든 나라엔 디즈니랜드와 같은 놀이터가 있을 것이다. 하다못해 용인의 에버랜드와 같은 그런 곳에서 어린이들은 꿈과 환상을 키워나갈 것이다.

neverland는 영어사전에 없는 낱말이다. 다만 never와 land의 합성어인 신조어라는 생각이 든다. 영화에서 번역된 것을 보니까 '환상의 세계'라고 되어 있다. 따라서 이 영화는 '환상의 세계'를 찾아가는 영화이다.

실제로 『피터 팬』의 원작자 J. M. 배리의 실화를 바탕으로 완성된 영화이다. 그러므로 작가가 어떤 사람이며, 어떤 삶을 살았는가를 먼저 살펴봐야겠다. 브리테니커 백과사전에 소개된 내용을 요약하면 다음과 같다.

> 영국의 스코틀랜드에서 태어난 J. M. 배리는 상상력과 상상력으로 이룩한 미지의 세계가 갖는 위력을 믿는 드문 작가였다.
>
> 직조공의 아들로 태어나 극작가, 소설가로 명성과 사회적인 성공을 거둔 것과는 반대로 불행한 가정생활을 했다. 그러한 작가의 삶의 궤적이 성장하기를 거부한 소년 피터 팬Peter Pan을 만들어냈다. 또한 사회비평이 지배하던 연극무대에 초자연적 요소를 도입했으며, 소설에서는 평범한 시골생활을 그린 채원파KailyardSchool로 대표되는 스코틀랜드의 감상주의 전통을 촉진했다.
>
> 배리는 6세 때 형이 죽고 그 때문에 어머니가 슬픔에 빠진 것을 보고 받은 충격에서 평생 벗어나지 못했다. 어머니는 그의 어린 시절 이후로 내내 작가를 지배하는 존재로 남아 있었다. 어머니는 소녀시절에 어머니 없는 집안의 '어린 어머니' 이었다. 이러한 어머니 상은 그의 소설 이곳저곳

에서 나타나고 있다.

J.M 배리는 1894년 여배우 메리 엔슬과 결혼했으나 자식이 없었고 형식적인 결혼에 불과했다. 그는 1897년 미망인인 실비아 루엘린 데이비스에게 또 다른 '어린 어머니'를 발견했다. 그녀의 아들들에게 처음 피터 팬 이야기를 들려주었는데, 그 일부는 『작은 흰새The Little White Bird』(1902)로 출판되었다. 1904년 희곡 『피터 팬』을 발표했고, 1911년에 『피터와 웬디Peter and Wendy』라는 제목으로 소설을 써냈다. 그는 1910년 4월 이혼했으며, 당시 미망인이었던 실비아 데이비스는 4개월 뒤 죽었다. 배리가 보호자 역할을 한 그녀의 아들 가운데 2명은 살해당했다. 이런 일생을 통해서 어른들의 삶에서 느낀 환멸은 그의 작품에 많이 반영되어 있다.

『브리태니커 세계 대백과사전』9권 브리태니커 동아일보. 1997.pp96-97에서

'2004년 최고의 영화'라는 전미 비평가 협회 선정의 요란한 문구와 같이 2005년 아카데미 주요 7개 부문-작품상. 남우주연상. 각색상. 음악상. 편집상. 미술상. 의상상 등에- 노미네이트nominate되었으나 결과는 음악상뿐이었다.

그러나 이미 전미 비평가 협회가 선정한 '2004년 최고의 영화'라고 극찬했다면 영화의 수준을 인정받은 것이다.

죠니 뎁, 케이트 윈슬렛, 줄리 크리스티, 더스틴 호프만 등 호화 배우들의 연기도 좋았다. 아역 배우인 프레디 하이모어의 눈부신 연기력도 돋보였다.

이 영화는 두 가지 측면에서 봐야 할 것 같다.

좋은 작품을 만들어 내는 예술혼의 고뇌와 그것을 극복해내는 예술가의 리얼리티와 그 작품 속으로 들어가는 것이다. 이 두 소재는 서로가 보완적으로 이 영화를 감상하도록 돕고 있다. 이 영화는 위에서 살펴 본바

와 같이 작가의 일생과 많은 부분에서 일치한다.

흥행실패로 실의에 빠진 극작가 J. M. 배리는 평소 어린 아이들에게 관심이 많아, 산책길에서 시선을 끄는 4명의 아이들을 만난다. 그들에게 접근해 가면서 그들의 어머니인 미망인 실비아를 만나는 순간 '어린 어머니'를 떠올린다.

그리고 그녀에 대한 연민과 사랑은 그녀의 4명의 아들들과 공원에서 동심의 세계에서 노닐면서 감수성과 상상력이 풍부한 피터에게 글을 써 보도록 종용한다. 피터는 어느 날 글을 썼다며 낭독한다. 그것이 판타지와 순수함의 상징인 동화의 세계로 들어가는 계기가 된다. 그 동화는 공간을 날수 있다고 믿는 사람은 공간을 날 수가 있고 상상의 세계를 믿는 사람에게는 네버랜드를 볼 수 있다는 것이다.

모든 천재들의 삶이 그러하듯이 4명의 자녀를 둔 지독히도 가난한 병든 미망인에게 미쳐있고 공원에서 그녀의 아이들과 스스럼없이 놀고 있는 J. M 배리를 가족이나 사회가 이해할 리가 없다. 억측과 비난이 무성했다. 그러한 비난을 극복하고 예술에 몰두하는 그에게서 진실로 고독한 예술가의 전형을 보는 듯 했다.

배리는 실비아가 남편을 잃고 받은 깊은 상처를 치료하도록 그녀를 위하여 네버랜드를 보여주겠다고 약속한다. 그곳은 죽은 사람들이 사는 곳이라며, 그도 6살에 형이 죽고, 죽은 형에 대한 상심으로 식음을 전폐하고 한 달간을 자리에 누웠던 어머니가 있었다고 고백한다. 하루는 형의 옷을 입고 어머니 앞에 나타나자 그 때야 비로소 어머니가 자기를 알아보고 안아주었다고 말한다.

인간에 있어서 가장 소중한 사람을 잃는다는 뼈아픈 경험과 그것을 극복하기 위해서 예술이 필요한 것이다.

작가는 온갖 난관과 비난에도 굴하지 않고 작품에 열정을 쏟는다. 그러나 실비아는 중병에 걸려 죽음을 눈앞에 두고 있다. 작품과 미망인에 미쳐있는 배리에게 아내는 이혼을 요청한다.

이런 와중에 작품이 완성되고 시사회가 열린다. 병이 점점 악화되어 실비아는 시사회에 갈 수가 없었다. 배리는 20여 좌석을 남겨놓도록 요청한다. 어린 고아들에게 무료로 줄 좌석이었다. 어린 고아들을 분산해서 앉힌다.

드디어 관객들이 꽉 들어차고 시사회가 시작되었다. 저명 인사들의 예측과는 달리 시사회는 대성공이었다.

성공을 거둔 배리는 실비아만을 위한 무대를 실비아의 집에 만들고 약속한 네버랜드를 보여준다. 그것이 그녀에게 약속한 네버랜드라고 말한다. 그 연극을 본 후 실비아는 그녀가 갈 사후의 세계인 네버랜드를 믿으며 죽는다.

배리는 실비아의 네 아들의 후견인이 된다. 그리고 장례를 치루는 장면이 반전된다. 가장 감동적인 장면이다.

전편을 통해서 흐르는 선율은 환상적인 음악으로 이 영화를 한 층 높게 끌어 올린다.

J. M. 배리의 실비아에 대한 사랑은 흔해빠진 4명의 자녀를 가진 미망인에 대한 통속적인 사랑이 아니다. 예술가로서 예술에 대한 열정과 '어린 어머니'에 대한 추억과 가난과 운명에 버림받은 이에 대한 연민이다. 그러한 사랑이 결국 이 걸작을 만들어 냈다.

사실 죽음은 인간에 있어서 해석할 수 없는 영원한 수수께끼이다. 죽음 뒤에 100% 아무 것도 없다고 하면서도 0.0001%라도 무엇인가가 있을 거야 하고 생각하는 것이 인간의 심리이다.

동화의 세계에서 나마 죽음을 해석하고 싶어 했던 배리의 착상과 노력에 가슴 뭉클함을 느꼈다.

시인의 영화 『실비아Sylvia』감상

시인이란 과연 어떤 사람인가? '시인은 견자다'하는 랭보의 말은 이미 상식이다. 나는 '시인은 그저 시를 쓰는 사람' 이라는 표현이 가장 무난하다고 생각한다. 그런데 『실비아Sylvia』라는 영화를 보면 시인은 참 독특한 사람이구나 하는 쪽으로 생각이 바뀐다. 사람의 생각은 이렇게 갈대와 같다.

물론 나는 실비아 플라스Sylvia Plath에 대한 예비지식을 조금은 갖고 있다. 그리고 그녀에 대한 짧은 글을 쓴 일도 있다. 그 때 그녀의 자살에 대하여 나는 못마땅한 표현을 했다.

하루는 CGV에 갔는데 『실비아』라는 영화에 대한 선전물이 있었다. 순진해 뵈는 기네스 펠트로의 사진이 클로즈 업 되는 팸플릿이었다. 야! 실비아가 영화화 됐구나. 인기가 어디까지 치솟을지 모를 일이다. 안내하는 아가씨에게 영화화된 『실비아』가 보고 싶어 언제 상영하는가 물었더니 아직 결정되지 않았단다. 대중성이 없어 망설이는구나 하는 뻔한 생각이 들었다.

요즈음 실비아 이야기가 심심찮게 나온다. 물론 그것은 테드 휴즈Ted Hughes가 죽기 전인 1998년, 35년간을 침묵으로 일관했던 실비아와의 추억과 사실을 『생일선물』이라는 시집으로 발간한 여파로 생각됐다.

지난여름, 숲 속의 시인학교에 갔다 오다가 잘 아는 여류시인과의 대화중에 영화 『실비아』에 대한 이야기를 했는데 그녀는 『실비아』를 극장에서 보았다고 말했다. 나는 상영한 기간이 짧아 놓친 것이 분명했다. 그녀도 역시 『실비아』의 일생에 대해서 같은 여류시인으로서 깊은 연민의

정을 갖고 있었다.

우리의 대화는 실비아가 자살한 이유가 확실하지가 않고 피상적으로 표현된 것은 테드 휴즈의 외도로 봐야 되겠지만 내면적인 이유가 있고, 그녀가 너무나 시인이기 때문일 거라는 말을 했다. 순간 김춘수 선생의 「왜 나는 시인인가」라는 산문의 일절이 떠올랐다.

> 왜 나는 시인인가? 존재하는 것의 슬픔을 깊이깊이 느끼고 이해하려고 노력하기 때문에 나는 시인이다. 그 중에서도 사람이란 더없이 슬픈 존재다. 사람으로 태어난 슬픔을 아름다움으로 승화시켜야 한다고 깊이깊이 느끼고 생각하기 때문에 나는 시인이다.

또 이어서

> 체 게바라는 평생에 한 여자만을 사랑하지 못하는 자가 민중을 사랑한다고 하는 것은 말짱 거짓말이라고 했다. 그 말의 타당성을 진심으로 믿기 때문에 나는 시인이다.

위에 든 두 글의 구절이 실비아의 자살을 잘 설명해주고 있는 것이 아닐까. 실비아 플라스는 진실로 존재의 슬픔을 안 사람이다. 사람이란 더없이 슬픈 존재라는 것을 알고 세상에서 가장 슬픈 자살을 택한 시인이다. 그녀는 견딜 수 없는 절망을 자살로 해결했다.

그리고 인간에게 가장 중요한 사랑에 대해서 그녀는 테드 휴즈 한 사람만을 사랑한 여인이다. 그가 시를 잘 쓴다는 그거 하나 때문에. 실비아의 모친은 테드 휴즈를 첫눈에 탐탁하게 생각하지 않았다. 시인의 눈이 아니기 때문이었다. 보통 여자의 눈으로 볼 때 사실 시인은 남편감으로 점수를 딸만한 존재는 아니다. 그 사람이 더욱 시인다울 때 더욱 그렇다.

실비아는 테드 휴즈만을 사랑했기 때문에 질투와 복수심은 더 강렬할 수밖에 없었을 것이다. 그래서 그 복수로 자살을 택했을 수도 있다. 이 세상에 남자를 혼자 남겨 둔다는 것은 가장 큰 형벌이다.

또한 경제적인 문제가 컸을 것이다. 먹고 산다는 것은 인간에게 가장 큰 문제이다.

실비아 플라스Sylvia Plath는 여러 번 자살 시도 끝에 죽게 된다. 그 첫 번째 시도가 8살 때 유명한 생물학 교수인 아버지가 당뇨병으로 다리를 절단하고도 회복하지 못하고 합병증으로 죽는다. 그 충격으로 9살에 자살을 시도했으나 미수에 그쳤다. 다음은 13년 후인 1953년 버지니아 울프의 소설 『등대로』의 한 구절을 읽고 다량의 수면제를 먹고 자살을 기도했다. 이틀 뒤 가족들에 의해 지하실에서 발견되어 병원에 입원, 2주 후 정신 병동에서 치료를 받았다. 세 번째가 10년 후 가스를 마시고 자살한 것이다.

이철이 옮긴 『생일편지』의 연보에는 두 번째 자살 시도가 62년 6월경에 교통사고를 가장한 자살시도가 있었다는 기록이 있다. 또 이 영화에서는 테드를 떠나보내고 아이들을 차에 싣고 흙탕물이 흐르는 강 하구에 가서 바다를 바라보며 자살을 생각하다가 어린애들 때문에 그냥 돌아오는 장면이 있다. 이렇게 그녀는 자주 자살 충동을 느꼈다.

영미 문학에서는 이상하게 자살이 유행병처럼 번진 때가 있었다. 에밀리 디킨슨Emily Dickinson, 1830-1886은 물론 자살하지는 않았지만 죽음 친화적인 삶을 살았다. 그녀의 시에는 죽음과 자연, 사랑과 고독이 진하게 배어 있다. 버지니아 울프Virginia Woolf, 1882-1941는 20세부터 신경쇠약에 걸려, 갱년기에 심한 우울증으로 59세에 우즈 강물에 투신자살했다. 플라스의 친구이며 고백시인이었던 앤 색스턴Anne Sexton, 1928-1974 역시 실비아가 자살한 직후 온몸에 석유를 뿌리고 분신자살했다. 이러한 현상들을 한 마디로 정신병적인 유행 이라고 결정짓기는 어려울 것 같다. 여러 가지 이유들이 겹쳐 있을 것이다.

실비아는 졸업논문으로 간질병의 천재 작가 도스토예프스키에 관한 글을 썼다. 그리고 좋은 성적으로 대학을 졸업하고 영국으로 떠나 케임브리지 대학교에서 테드와의 운명적인 만남이 이루어졌다.

테드 휴즈가 쓴 『생일편지』는 그 동안 궁금했던 것들을 많이 해결해주었다. 그러나 비밀이 전부 벗겨질 수는 없는 것이다. 실비아의 자살 직전의 심경을 적은 일기도 그가 없앴다는 이야기도 있다. 그것을 자녀 교육때문이라고 했다지만 일반적인 이야기는 테드 휴즈가 자신의 명예에 오점을 남길 것을 두려워 한 나머지 없앴다는 이야기가 있다.

이제 영화의 세계로 들어가 보자. 어느 날 우연히 비디오 가게를 지나가다가 역시 『실비아』에 대한 CD 선전물을 보았다. 반가워서 들어가서 물었더니 가게 주인은 엉뚱하게 CD값이 30.000원 인데 빌려갈 사람이 없어 30.000원이 안 나올 것 같아 반품하기로 했으니까 사라는 것이었다. 나도 너무 비싸서 구입을 포기했다. 그런데 대전에 내려가 어떤 비디오 가게에서 『실비아』의 비디오테이프를 빌릴 수 있었다. 화면도 좋지 않고 TV도 구식이고 작아서 극장에 가서 보는 것 보다 훨씬 못했지만 그것을 되풀이해서 보았다.

감독에 크리스틴 제프리, 주연에 기네스 펠트로와 다니엘 크레이그이다. 기네스 펠트로는 미국적인 발랄함과 순진성이 다니엘 크레이그는 신중하나 침울한 분위기를 주었다.

화면이 열리면서 다음의 시가 나온다.

가끔씩 나는 나무를 꿈꾼다.
내 인생의 나무
가지 하나는 결혼할 남자
거기 달린 잎들은 애들이다.
다른 하나는 작가로서의 나의 미래
거기 달린 잎은 나의 시다.
또 다른 가지는 화려한 학문경력
그러나 어느 새인가....
잎은 갈색이 되어 바람에 날리고
나무는 헐벗고야 만다.

영화의 처음과 끝에 이 상징적인 나무가 나온다. 큰 나무도 아닌 허허벌판에서 모진 비바람에 부대끼는 앙증맞은 관목은 실비아를 상징하는 나무임을 알 수 있다.

실비아의 꿈이 얼마나 크고 강한가. 그러나 세상은 그렇게 만만한 것은 아니다. 누구나 여러 가지 문제에 부닥친다.

사실 이 영화는 많은 사람의 부러움을 살 젊은 시인 부부의 파멸의 과정을 전기적인 사실에 입각해서 영상화했기 때문에 슬픈 영화이다. 남편인 테드 휴즈는 탁월한 시적 재능을 타고난 장래가 보장되는 시인이며 20세 초반에 셰익스피어Shakespeare의 작품을 외울 정도로 탐독했다고 한다. 실비아 역시 미모에다 명문 스미스 대학을 최우등으로 졸업한 보기 드문 천재 여류시인이다. 그런 그들의 부부 생활에 균열이 생겨 실비아가 자살을 하는 이야기이다.

그러나 출발은 화려하다. 꿈과 낭만이 눈이 부실정도이다. 그들의 만남과 사랑, 결혼과 자녀의 탄생은 여느 부부와 마찬가지로 진행되었다. 그러나 실비아의 결혼생활은 시를 쓰기에는 여건이 좋은 것은 아니었다.

결혼 후 그들은 미국으로 이사한다. 그리고 다시 영국으로 돌아온다. 이런 잦은 이사는 생활의 안정을 가져오지 못했다. 그나마 남편은 안정을 얻어 시로 성공할 기미가 보인다. 그에 따라 테드 휴즈가 시인으로 성공하면서 둘 사이는 간격이 벌어지기 시작했다. 남편의 주위에 젊고 예쁜 여자들이 모이고 평정심을 잃은 실비아는 시가 써지지 않는다. 이러한 사건들이 쌓이고 쌓여 파멸의 길로 치닫는다.

이들은 1961년 8월말 시를 쓰기 위해서 영국 남서부 데븐의 시골집으로 이사한다. 그곳의 아름다우나 조금은 음산한 분위기에 위빌 부부가 그들 부부와 주말을 보내기 위해서 찾아옴으로써 사건은 잉태된다. 테드 휴즈와 아씨아 위빌 사이에 남몰래 사랑이 싹터 불륜의 관계로 발전한다. 이를 안 플라스는 별거를 하고 만다. 두 아이는 플라스에게 맡겨진다. 그들이 별거한 후 플라스는 초인적인 힘으로 시를 쓴다. 그리고 휴즈와의 재결합을 꿈꾼다. 그러나 이미 아씨아의 임신으로 불가능함을 안다. 그리고 그녀는 시와 남편과의 사랑과 어머니로의 성스러운 임무와도 이별을 고하는 자살을 선택한다.

영화의 후반부에는 어두운 장면이 계속된다. 실비아가 자살에 이르는 과정을 사실적인 수법으로 담담하게 영상화했다. 출구를 찾지 못해 절망에 몸부림치는 장면, 두 아이를 양육해야하는 경제적인 어려움, 권위적이고 완고한 문단 사회 등이 그녀를 죽음으로 차츰차츰 몰아갔다.

실비아는 드디어 한 밤중에 편지를 부치고 어린애들에게 우유와 빵을 챙겨놓은 후 가스를 마시고 자살한다. 스산한 겨울 아침 붉은 천이 덮인 관이 운구 되고 한 천재 여류시인은 세상을 등진다.

감독은 관객들이 가장 궁금해 하는 실비아의 자살의 원인에 대해서는 유보하는 입장이다. 관객의 상상력에 맡긴다. 자살의 이유는 테드 휴즈에 있다기 보다는 실비아 쪽에 있다는 인식을 갖는 관객들이 많을 것 같다.

테드 휴즈도 실비아 못지않게 비극적인 삶을 산 시인이다. 실비아가 자살한 6년 후 아씨아 위빌 역시 딸과 함께 실비아처럼 가스를 마시고 자살함으로 생을 마친다. 이유야 어쨌든 사랑하는 연인들의 잇따른 자살을 경험한 남자의 일생이 행복했다고는 말할 수 없을 것이다.

이 영화는 험난한 세상을 살면서 시인이 시를 쓴다는 것이 얼마나 어려운가 하는 점도 보여주는 영화라는 생각도 들었다.

영화 『국제 시장』 감상

> 시의 감상에 있어서 내 경험에 비추어볼 때 그 시를 읽기 전에 그 시인이나 작품에 관하여 될 수 있으면 모르고 있는 편이 그럴수록 더 좋다는 것을 항상 생각해왔다.

이 말은 엘리엇이 단테론을 쓰면서 한 말이다.

요즈음 회자되는 『국제시장』 감상문을 쓰면서 생각난 구절이다. 영화감상에도 이 글이 공감되었다. 이미 이 영화에 대하여 너무 많은 이야기를 들어서 영화가 주는 충격이 반감된 것이 사실이었다.

CGV를 뒤져서 가장 가까운 극장을 정하고 가서 티켓을 끊고 보니 1시간 30분을 기다려야했다. 기다리는 시간에 저녁을 먹기로 했다. 극장앞에 있는 한 횟집을 찾아들었다. 회를 먹고 매운탕을 보니 소주생각이 새록새록 났다. 영화관람 전에 소주를 마시면 영화를 보다가 졸 것 같아, 주인 마담에게 영화를 보고 와서 이 매운탕으로 소주 한잔 마셔도 되는가 물었더니 쾌히 승낙해주었다. 주인은 음식점을 나서는 우리에게 손수건을 준비했는가 물었다.

『국제시장』은 『명랑』처럼 영웅 이야기도 아니고 『변호인』처럼 노골적으로 어느 대통령을 염두에 두고 만든 영화도 아니고 『님아 그 강을 건너지 마오』처럼 황혼기 노부부의 이야기도 아니고, 요즈음 유행하는 재벌가의 비밀 이야기도 아니고, 흔해빠진 삼각관계 영화도 아니고, 애로영화도 아니고, 깡패 이야기도 아니다.

"사람이 우선이다." 라는 생각으로 피난민 10만을 철수시킨 흥남부두부터 영화는 시작되었다.

1950년 눈발이 휘날리는 12월 유엔군의 흥남부두 철수화면이 뜬다. 보따리를 든 피난민들이 새까맣게 몰려들었다. 현대판 모세의 기적이라는 흥남부두 철수! 군용장비와 포탄을 불태우고 민간인 10만을 피난시킨 이 역사적인 철수는 휴머니즘의 꽃이며 노벨평화상 감이 아닐까. 전사에 이런 일이 있었던가? 오랜만에 들어보는 주제곡 〈굳세어라 금순아〉가 심금을 울린다.

그 중에 덕수의 가족이 있었다. 피난선에 오르는 어린 덕수의 등에 업혔던 여동생이 저고리 소매만 남기고 떨어져나간다. 덕수의 아버지는 딸을 구하러 가족이 타고 있는 피난선에서 내린다. 배에서 내리기 전에 꼬마 덕수에게 "너는 장남이다. 아버지가 없으면 가장이다."라고 강조한다. 배는 고동을 울리며 떠난다. 이렇게 해서 덕수네는 이산가족이 된다.

배는 부산항에 무사히 도착하고 덕수의 가족은 국제시장 고모의 집(꽃분네 집)에 가서 피난살이가 시작된다. 이제 어린 덕수는 가장이다. 어머니를 도와 동생들을 잘 거느린다. 덕수는 아버지의 유훈을 생각하고 열심히 일한다. 청년이 된 덕수는 동생이 서울대학에 입학하자 장남으로 동생 공부를 시키기 위해서 파독광부를 지원해서 떠난다. 그곳에서 파독간호사 영자를 만나 첫사랑을 한다. 덕수는 귀국하고 얼마 되지 않아 덕수의 아이를 임신한 영자가 국제시장으로 찾아와서 결혼한다.

신혼의 달콤함도 잠시, 덕수는 여동생의 결혼비용을 벌기위해서 다시 기술요원으로 베트남으로 떠난다. 떠나기 전 덕수 부부가 벤취에 앉아 부부싸움을 한다. 영자는 남편에게 가지 말라고 말한다. 전쟁터에 남편을 보내고 싶은 여자가 누가 있겠는가. 이제 할 만큼 했으니 됐다는 것이다. 당신 삶인데 왜 그곳에 당신은 늘 없나니까, 덕수는 장남이라고 말하고 나는 그런 운명을 타고났다고 대꾸한다. 그때 하기식 음악이 흘러나

온다. 부부싸움을 하다말고 그들은 국기를 향하여 일어난다.

이 장면을 많은 사람들은 감명을 받았다고 말했고 좌파 지식인 중에는 독재시대로 회귀라고 말하며 3류 영화라고 꼬집었다.

국경일에 아파트는 외국인만 사는지 국기가 없다. 미국인들 중에는 생일날에도 성조기를 내거는 사람들이 많다. 어떤 부장검사 출신의 정치평론가는 국가가 잘 해주면 태극기를 걸지 말래도 건다고 말했다. 그 말을 듣는 순간 케네디 대통령의 취임연설을 상기했다.

> 국민 여러분! 국가가 여러분에게 무엇을 해 줄 것인가 묻지 말고, 여러분이 국가를 위해 무엇을 할 수 있는가를 물어 보십시오.

우리가 화분을 키울 때도 꽃을 피우라고 물을 준다. 물을 주지 않으면 화분은 말라 죽어 꽃을 피울 수가 없다.

일제 강점기의 나라 없는 슬픔을 모르고, 광복의 기쁨을 체험하지 못하고, 6.25 전쟁의 피눈물을 경험하지 못하고, 보리 고개의 배고픔을 격지 않고, 이산가족의 피맺힌 그리움을 모르고 자란 사람들은 국기의 진실한 의미를 망각하기 쉽다.

결국 덕수는 베트남으로 떠났다. 그곳에서 죽을 고비를 넘기고 원주민 여자애를 구하려다가 부상을 당하고는 절름발이가 되어 돌아온다.

덕수가 원주민 여자애를 구한 것은 흥남부두에서 잃어버린 여동생을 생각해서일 것이다. 영화의 장면은 이산가족 찾기가 시작 된다. 울음바다가 된 화면. KBS 건물 벽과 바닥을 뒤덮은 광고물, 30년 만에 만난 가족의 환희와 서러운 눈물이 화면을 가득 채운다. 온 나라가 눈물바다가 되었다.

세월이 흘러 풍요의 시대에 늙은 덕수의 역할은 점점 소진된다. 고생을 모르고 자란 자녀들은 아버지를 고집 센 늙은이로만 취급한다. 대가족이 모여 유쾌한 분위기에 앉아 있다가 덕수는 슬며시 옆방으로 건너가 흥남부두에서 헤어진 아버지의 사진을 보고 독백을 한다.

격랑의 시대를 살면서 참 힘들었다고 말한다. "아부지! 이만하면 잘 살았지에." 이 장면에서 눈앞이 흐려져 화면이 보이지 않는다. 흥남부두에서 헤어진 아버지를 기다리는 덕수의 마음을 모르는 자손들은 〈꽃분네 집〉을 팔 것을 조른다. 물론 아버지가 고생하는 것이 애처로워서다. 노부부가 된 덕수와 영자는 영도다리가 보이는 항구를 바라보며 대화를 나눈다. 자신은 선장이 되어 대양을 황해하고 싶었다고, 가족을 위해서 그 희망을 접었노라고 말한다. 영자의 희망은 좋은 남자 만나서 잘 살고 싶었다고 말한다. 덕수의 말 "임자는 희망을 이루었구먼." 진한 감동이 등골을 흐른다.

영화가 끝나고 관객들의 눈을 보니 벌겋다.

흥남부두 철수-부산 피난시절-파독 광부와 파독 간호사-베드남 파병-이산가족 찾기 등 격동의 30년 동안 우리 부모들의 삶을 담담하게 풀어낸 작품이다.

『국제시장』은 이북에서 한국으로 피난 와 고난에 처한 삶을 산 휴먼스토리 라고 생각한다. 이런 영화가 나에게는 맞는 것 같다. 영화의 성공 여부를 떠나 힘든 삶을 살아온 우리 같은 사람들에게 진한 감동을 주는 영화였다. 눈물 나는 장면이 참 많았다.

횟집의 문을 열고 들어갔다. 주인마담은 반가이 맞아주었다. “두 분 다 많이 우신 것 같아요. 눈이 빨개요” 하고 말한다. 나는 대답 대신 소주 생각이 나서 왔노라고 말했다.

룸 안은 손님들이 가득 찼다. 맨 가장 자리에 앉았다. 소주와 해삼 한 접시를 시켰다. 주인 마담은 소주와 안주, 매운탕을 가져다주었다. 매운탕이 우리가 먹다 만 게 아니고 새로 끓인 것이었다. 소주 맛이 그만이다. 한 병을 다 비웠다.

아내는 배우들의 연기가 좋았고 구성이 무리가 없었으며 재미가 있었다고 말한다. 영화이기 때문에 좀 무리한 점도 있으며 돌아가신 아버지가 생각.... 말을 잇지 못한다.

이 영화를 보면 누구나 아버지를 생각할 것이다. 마담은 아버지가 어려서 돌아가셨다며 그런 아버지를 둔 사람은 행복할 거라고 말한다.

제 4 부 『이미테이션 게임The Imitation Game』 감상

『이미테이션 게임The Imitation Game』 감상

"컴퓨터 과학의 아버지" 앨런 튜링Alan Turing의 비참한 일대기를 그린 실화의 영화를 보면서 "앨런 튜링은 현대판 그리스도다." 하는 생각이 들었다.

자막이 꺼지고도 한 참을 그곳에 앉아 눈물을 흘렸다. 그가 인류에 베풀어준 것에 반하여 너무나 잔혹한 희생을 요구했기 때문이었다. 천재로 태어나서 그 어려운 일을 이룩한 것이 죄란 말인가? 만능의 전자기기 컴퓨터를 만든 것이 죄악이란 말인가? 영국 정부는 그에게 너무 가혹했다. 그가 죽은 후 50년이나 튜링을 묻어두었다.

앨런 튜링은 세계대전 중 천신만고 끝에 독일의 이니그마를 해독해서 U보트 궤멸·노르망디 상륙의 1등 공신으로 대전을 2년 단축. 최소 1,400만 명의 생명을 구하였으나 정작 자기의 생명은 구하지 못하고 스파이 혐의와 동성애자로 처벌받아 자살했다. 국가권력은 그가 자살하도록 몰고 갔다.

영화의 기본 틀은 다음과 같다.

2014년에 개봉한 작품이다. 원작은 앤드루 호지스, 각색은 그레이엄 무어, 감독은 모르텐 틸둠이다. 아카데미 각색상을 수상한 작품이다.

배역은
베네딕트 컴버배치 - 앨런 튜링 역
키이라 나이틀리 - 조앤 클라크 역

매슈 구드 - 휴 알렉산더 역
로리 키니어 - 녹 형사 역
찰스 댄스 - 알라스테어 데니스톤 역
마크 스트롱 - 스튜어트 멘지스 역

영화의 줄거리는 이렇다.

시작은 전쟁 후, 홀로 연구에 몰두하는 앨런 튜링(베네딕트 컴버베치분)의 집에 도둑이 들었다고 이웃이 신고한다. 경찰은 튜링을 스파이 혐의로 경찰에 연행한다. 뜻밖에도 죄목은 남자를 성 매수한 혐의로 바뀐다. 녹 형사의 심문 테이블에 앉은 앨런 튜링의 불안한 모습이 클로스업 된다.

녹 형사는 전쟁 중에 튜링의 기록이 전무한 것을 보고 의심한다. 그는 질문을 한다. 대전 기간에 어디서 무얼 했는가?

영화는 회상으로 전개된다.

스토리는 기존의 영화와는 달리 3가닥이 새끼줄처럼 꼬인다. 경찰신문, 학창시절, 이니그마를 해독하기 위한 '블레츨리 파크'의 작업과정. 물론 주 스토리는 이니그마를 해독하는 과정이다.

학창 시절 튜링은 공부는 아주 잘 하였으나 친구들과 소통이 서툴러 놀림감이 되었다. 그런 그를 인정해준 유일한 친구는 크리스토퍼이다. 튜링은 이런 그를 사랑하게 된다. 크리스토퍼에게서 튜링은 첫사랑 같은 순정을 느낀다. 그런데 그가 폐병으로 죽고 만다. 이런 연고로 튜링은 동성연애자가 된 것 같다.

앨런 튜링은 자신이 만든 튜링 머신에 잊을 수 없는 친구 크리스토퍼의 이름을 붙인다.

어느 날 크리스토퍼는 튜링에게 암호책을 준다. 퍼즐을 유난히 잘 푸는 그에게 맞을 거라고 말하면서.

세계대전 중 독일군의 도발에 고전하고 있는 영국을 포함한 연합군은 독일군의 암호 퍼즐인 이니그마를 분석할 요원을 찾는다. 그 임무를 위해 만들어진 '블레츨리 파크'에 앨런 튜링이 자원한다. 책임자는 그의 뛰어난 논문을 보고 그를 채용한다.

암호 퍼즐을 풀기 위해 고군분투하는 동료들과 달리, 앨런 튜링은 암호체계를 분석하는 '튜링 머신'을 만들고자 하여 갈등을 빚는다. 엉뚱한 짓을 하는 것으로 착각한 책임자는 그를 해고하려한다. 튜링은 처칠 수상에게 편지를 써서 연구를 계속하고 그 파트의 책임자가 된다.

튜링은 팀장이 되자 수준미달의 회원을 해고하고 새 회원을 뽑는다. 그때 조안 클라크(키이라 나이틀리 분)가 나타난다. 조안은 튜링도 8분이나 걸려 푼 문제를 5분 몇 초에 다 푼다. 책임자는 여자라고 싫어한다. 조안 자신도 남자들 사이에서 일하기 싫다며 포기하려 한다. 튜링은 그녀와 같이 일하고 싶어 한다. 조안은 튜링의 권에 못 이겨 같이 연구할 것을 동의한다. 조안의 탁월한 능력을 살려내기 위해 그녀에게 튜링은 많은 기회를 준다. 그녀가 결혼하기 위해서 부모에게 가야한다고 말할 때 그녀를 설득하고, 심지어 그녀와 약혼까지 감행한다.

천재는 천재를 알아보는 법이다. 조안과 튜링은 서로 사랑한다.

조안은 왜 자기를 뽑았는가? 질문을 한다. 튜링은 크리스토퍼가 자신에게 "가끔은 생각지도 못한 누군가가 생각지도 못한 일을 해낸다."라며 용기를 준 말을 상기하여 말해준다.

여전히 사회생활에 서툰 튜링은 동료들과 마찰을 빚으며 자신만의 방식으로 암호해독에 매진한다. 우연한 기회, 무도회장에서 교환수로 근무하는 한 여성이 툭 던진 말에서 힌트를 얻어 튜링은 암호체계를 단숨에 해독한다.

블레츨리 파크에서 스파이 색출 사건이 벌어진다. 튜링은 동료의 한 사람이 소련 스파이 인 것을 알아낸다. 동료는 튜링이 게이인 것을 알고 있다. 서로가 비밀을 지킬 것을 약속한다.

사무실에 가서 조안을 찾았으나 없어서 책임자에게 물어본다. 책임자는 조안은 군 교도소에 갔다고 말한다. 조안을 구하기 위해서 동료가 스파이임을 말한다. 책임자는 튜링이 스파이인줄 알았다고 말한다. 영국 정보부는 동료가 스파이 인 것을 이미 알면서 방치한 것이었다.

튜링은 자기에게 위험이 다가온 것을 직감하고 조안과 이별할 것을 결심한다. 사랑하기 때문에 헤어지는 것이다.

튜링은 조안을 만나 자기는 게이이며 도저히 결혼할 수 없다고 말한다. 조안은 게이라도 괜찮다고 튜링에게 말한다. 그녀는 보통 부부 같지는 않지만 서로 사랑하며 일하면 된다고 말한다. 튜링은 조안을 사랑하지 않았노라고 순전히 암호를 해독하기 위해서 조안을 이용했노라고 냉혹하게 말한다. 그리고 헤어진다.

전쟁은 승리로 끝났다. 사냥을 마친 주인은 더 이상 사냥개는 필요 없다. 그들이 이룩한 성과는 한줌의 재로 소멸된다. 기밀을 지키기 위해서다. 그러나 튜링팀이 이룩한 열매를 따먹는 사람이 따로 있다.

튜링은 이제 살려두어서는 난처한 인물이 되었다.

감옥이냐 화학적 거세냐? 양자택일의 기로에 선 튜링은 연구를 계속하기위해서 화학적 거세를 택한다.

화학적 거세를 당해 폐인이 되다시피 된 튜링의 앞에 옛 애인 조안이 나타난다. 평범하게 사는 조안의 삶을 부러워한다. 손을 떠는 튜링의 비참한 꼴을 본 조안은 변호사와 의사에게 가보자고 조른다. 그러나 튜링은 이미 삶의 의지를 잃었다.

원자탄의 아버지 오펜하이머도 '마녀사냥'의 희생양이 된 과학자의 상징이 되었다. 에드거 후버 FBI 국장은 아인슈타인의 사상동향 보고서를 작성하였는데, 아인슈타인조차도 34개 공산주의 단체와 연관된 골수 공산주의자로 묘사되어 있다고 한다.

튜링은 전쟁에 참가하지 않았으면 뉴턴이나 아인슈타인과 비견되는 인물이 되었을 것이다. 참 아까운 인물을 죽였다. 스티브 잡스가 가장 존경했던 인물이 바로 튜링이다.

만약 튜링이 조안과 결혼했으면 게이로 몰리지는 않았을 것이다. 아니, 그렇게 되었더라도 그는 간첩으로 몰렸을 것이다. 그러면 조안까지 죽었을지도 모른다.

갑과 을의 냉혹한 현실에 분노가 치솟는다.

『닥터 지바고』감상

지난해 7월 10일 내가 좋아하는 영화배우 오마 샤리프가 죽었다. 그를 좋아하는 이유는 딱 한 가지, 5개부분의 아카데미상의 명화 『닥터 지바고』의 지바고역을 맡았기 때문이다.

『닥터 지바고』는 영화로도 보고 DVD로도 보았다.

물론 이 영화는 소설로 먼저 읽었다.

러시아의 시인이며 소설가인 보리스 파스테르나크Boris Pasternak(1890~1960)의 유일한 장편 소설 『의사 지바고』는 1956년 러시아에서 발표할 수 없어 이듬해 이탈리아에서 발간하였고 1958년 노벨문학상 수상작품으로 선정되었으나 국가의 압력으로 작가는 수상을 포기하고 1960년에 죽었다. 복이 화로 바뀐 사건이 아닐까.

감수성이 예민한 젊은 시절에 읽은 이 소설은 한없는 감동을 주었다. 칠십 연대 초에 그 영화가 수입되었을 때 보고 싶은 생각도 있었지만 명작 소설을 영화화한 작품은 영화를 본 후에 실망하는 일이 비일비재해 포기했었다. 그 후 우연한 기회에 영화를 보고 압도당해서 DVD까지 구하여 이렇게 눈 내리는 겨울밤에 몇 번을 보았다.

영화는 지바고의 이복형인 예브그라프 장군이 동생의 딸을 만나 지바고의 일대기를 설명해주는 형식으로 시작된다.

유리 지바고의 어머니 장례식 장면의 화면이 나온다. 스산한 초겨울 장례식은 이 영화의 방향을 암시하는 것 같았다. 장례식이 끝난 후에 이모는 어린 유라(지바고의 애칭)에게 어머니의 유물인 발랄라이카를 넘겨준다. 화려한 문양이 있는 고급 러시아 민속 악기인 발랄라이카는 이 영화의 끝까지 연결된다.

고아가 된 유라는 신부였으나 환속한, 철학자인 외삼촌에게 부양된다. 유라는 의학을 공부해 빈곤한 사람들을 돕고자 한다. 유라는 외삼촌의 영향을 받아 철학을 좋아하는 시인이 된다.

시대적 배경은 1905년 혁명의 전야부터 1929년 지바고가 모스크바 거리에서 심장마비로 쓰러져 죽을 때까지이다. 이 시기는 러시아 혁명과 내전으로 혼란이 극에 달하였다.

어느 날 유라는 노동자들과 학생들이 기마병에게 살해되는 것을 목격하고 큰 충격을 받는다. 그 후 운명의 여인 라라와 마주친다. 라라는 어머니의 정부 코마로프스키에게 정조를 유린당하자 크리스마스 무도회장, 지바고와 토냐의 결혼을 발표하는 순간에, 코마로프스키에게 방아쇠를 당겨 총상을 입힌다. 유라는 이 광경을 목격하고 라라에게 호기심을 느낀다. 그러나 라라에게는 혁명가 파샤라는 연인이 있고 유라는 토냐가 있다. 유라는 토냐와 결혼한다.

1914년 1차대전이 일어나고 군의관으로 참전한 유라는 우연히 종군간호부로 변신한 라라와 반갑게 해후한다. 지바고는 크리스마스 이브에 무도장에서 라라를 만났다고 이야기 한다. 6개월간 유라와 라라는 같이 일하면서 사랑의 감정을 갖지만 선을 넘지 않는다. 유라는 집으로 돌아가고 라라는 남편을 찾아 최전선으로 떠난다.

모스크바로 돌아와 보니 저택은 13세대가 들어앉아 살고 있었다. 먹을 것도 땔감도 부족했다. 유라는 땔감용으로 판자 울타리를 뜯어 코트 속에 감춰오다가, 이복형에게 들킨다. 현관에 들어서자 어머니의 유품인 발랄라이카를 들고 가는 사람을 보고 그것을 저지하려다 뜯어오던 땔감을 떨어뜨린다. 이 난처한 사건에 형이 나타나서 구해준다. 형은 시인인 동생이 시대에 적응을 못할 것을 알고 시골에 가서 살라고 통행증을 끊어준다. 러시아에서 유라와 같은 지식인은 제일 먼저 숙청될 대상이라며.

지바고는 장인과 토냐, 사샤와 같이 바르이키노로 떠난다.

유라친까지 가는 기차 장면은 길고 고단하며 더럽고 혼란했다. 러시아 혁명기의 사회상을 그대로 보여주는 것이었다. 기차 안이 돼지우리 같았다.

지바고는 유라친에 도착하기 전에 기차를 내려 일출을 보러갔다가 역을 지키는 적군에게 붙잡혀 라라의 남편이며 그 지역의 사령관인 스트렐리니코프(파사의 개명)에게 끌려간다. 지바고는 그의 선처로 풀려나서 기차로 돌아온다. 파사로부터 라라가 유라친에 있다는 소식을 듣는다.

유라친에 도착한 지바고 가족은 역에 있는 하인의 주선으로 마차를 타고 바르이키노에 도착한다.

궁핍하지만 평화가 감도는 전원생활을 보낸다. 지바고는 지루함을 달래기 위해 시를 쓰지만 라라를 만나고 싶은 마음 때문인지 시가 써지지 않는다. 장인과 토냐가 지바고에게 유라친에 도서관이 있으니까 가보라고 권한다. 그곳에 라라가 있음을 알고 지바고는 가지 않는다. 가을이 가고 겨울이 올 무렵 지바고는 적적함을 달래기 위해 시내 도서관에 가서 사서로 근무하는 라라와 다시 운명적으로 만나게 된다. 남자의 영혼을 빨아들일 뜻한 강렬한 눈빛의 라라. 그들은 밖으로 나와 벤치에 앉아 이야기를 나눈다. 초겨울의 새 찬 바람에 낙엽이 휘날린다. 낙엽은 혁명기의 사람의 생명처럼 끝없이 떨어진다.

라라의 집에 간 그들의 뜨거운 사랑은 선을 넘는다. 이때부터 유라의 번민은 시작된다. 유라는 괴로운 나머지 결별을 선언하기로 결심한다. 토냐는 임신을 했다. 산일이 얼마 남지 않은 것을 알고 지바고는 모르핀과 소독약을 사러 유라친에 간다고 토냐에게 말한다. 지바고는 라라에게 가서 무서운 얼굴로 라라에게 더 이상 그녀의 집에 오지 않겠다고 말한다. 라라는 이해한다고 말하면서 뜨거운 눈물을 흘린다.

라라에게 결별을 고한 지바고는 무거운 심정을 안고 바르이키노로 돌아오는 길에 빨치산에 잡혀 강제 입산을 한다. 빨치산은 의사가 필요했던 것이다. 세월이 흐른 후 지바고는 천신만고 끝에 탈출하여 유라친에 돌아온다. 역에서 토냐의 안부를 물어본 결과 처가는 오래 전에 모스크바로 떠났다는 소식을 듣는다.

지바고는 라라의 집을 찾아간다. 라라는 심신이 쇠약할 대로 쇠약해진 지바고를 간호한다. 라라는 토냐의 가족이 외국에 갔다는 이야기를 하면서 지바고에게 토냐가 부탁한 편지와 지바고의 짐을 준다. 짐에는 어머니가 물려준 발랄라이카가 있다. 고뇌에 찬 지바고! 라라는 그를 위로한다.

지바고도 원기를 회복한다. 두 연인은 꿈같은 시간을 맛본다. 이런 평화를 깨뜨리듯 코마로프스키가 찾아왔다. 피샤가 자살했다는 이야기를 하고 라라에게 블라디보스토크로 가자고 유인한다. 두 연인은 완강히 거절하고 바르이키노에 가서 동거한다.

다시 평화로운 바르이키노 생활.

어느 날 코마로프스키가 다시 찾아와서 지바고를 위협한다. 지바고는 숙고 끝에 그곳 적군 사령관의 부인인 사랑하는 라라를 살리기 위해서 코마로프스키에게 딸려 블라디보스토크로 보내기로 결심하고 그렇게 한다. 지바고는 망루에 올라 사라지는 마차를 눈물로 배웅한다.

사회가 안정되고 모스크바로 돌아온 지바고는 평범한 여인과 만나 산다. 어느 날 출근길에 전차에서 거리를 걷는 라라를 보고 황급히 뛰어가

다 심장마비로 절명한다. 지바고의 장례식을 알고 찾아간 라라는 유라와 사이에 난 딸을 찾기 위해 예브그라프 장군에게 도움을 요청한다. 그러나 그녀는 찾지 못하고 죽는다.

영화는 거의 전부가 어두운 회색이다. 토냐와 같이 한 바르이키노의 생활, 라라와의 짧은 바르이키노 생활만 빼놓고는 전부가 회색이다. 밤이다. 끝없이 휘날리는 눈발과 음산한 겨울날씨, 사람들의 마음을 꽁꽁 얼어붙게 하는 매서운 겨울바람. 불길한 늑대의 울음소리. 수많은 사람들의 죽음, 살인을 일삼는 전쟁. , 이런 중에도 피어나는 인간다운 사랑이야기는 심금을 울리기에 충분하다. 두 여자를 운명적으로 사랑하는 지바고의 고뇌, 인간의 한계 등.

이 영화를 본 사람들은 누구나 젊었을 때 겪었던 아련한 사랑을 떠 올리지 않을까.

그러나 시인의 눈에 비친 유리창에 그려진 설화, 창문 밖의 후리지아 꽃. 라라를 만나러 가기전과 갔다 온 후 지바고가 바라보는 집주위에 흐드러지게 핀 노란 후리지아 꽃의 의미는 무엇일까. 봄의 향기. 대자연의 위대함도 한 폭의 그림이다.

혁명의 와중에서 시인이며 의사이기에 겪는 고난과 좌절은 그만의 것이 아닐 것이다. 우리 모두의 것이다. 그래서 이 영화가 명화이다.

이 영화는 잊히지 않는 명장면이 참 많다. 바르이키노에 처음 갈 때 지바고 가족이 즐거워하는 모습과 마차 주위를 뛰어다니는 망아지. 자잘한 꽃이 핀 들. 자작나무 숲의 광활한 설경, 유리창을 통해 본 겨울 나목, 초봄에 피는 후리지아 꽃. 후리지아 꽃술에서 떠오르는 라라의 얼굴. 무엇보다 도서관에서 지바고와 라라의 운명적인 만남. 라라를 떠나보내는 장면. 후편이 시작되면서 나오는 기차여행은 많은 것을 시사해준다. 두 줄기 눈을 품으며 달리는 기차의 장면은 다른 영화에서는 보지 못했다. 처음부터 끝까지 중요한 장면마다 등장하는 발랄라이카.

이 영화는 주요등장인물의 배우들을 잘 선택한 것 같다. 지바고 역의 오마 샤리프는 평범한 얼굴이 아니다. 뭔가 사색적인 얼굴이다. 큰 눈과 턱 선이 선량하면서도 심오한 이미지를 풍긴다. 두 여인 토냐(Tonya: 제랄린 채플린 분)가 현숙한 현모양처 형이라면 운명의 여인 라라(Lara: 줄리 크리스티 분)는 좀 섹시하면서도 지성적인 형으로 사랑을 위해서는 모든 것을 던질 정렬적인 여성상이다.

혁명가 파샤(톰 카우트네이 분)는 피도 눈물도 없는 사람 같다. 머리가 명석하고 판단이 빠르다. 변호사인 코마로프스키(로드 스테이거 분)는 육욕적이고 현실적인 인물이다.

이 영화는 사실 너무 우연적인 요소가 많아 대중 소설 같기도 하다. 그러나 책으로 읽으면 그 시적인 묘사와 깊은 철학, 스토리의 전개에 몰입할 것이다.

모리스 자르가 작곡한 라라테마 "Somewhere My Love"를 들어보는 것도 좋을 것이다.

Somewhere my love 어딘가 내 사랑
There will be songs to sing 우리가 부를 노래가 있네
Although the snow 비록 눈들이
Covers the hope of Spring 봄의 바램을 덮을 지라도

Somewhere a hill 언덕의 어딘가
Blossoms in green and gold 초록과 황금빛으로 피어난 꽃들
And there are dreams 꿈들이 있을 거야
All than your heart can hold 가슴에 간직할 수 있는 것 보다 많이

Someday....We'll meet again 어느 날... 우리는 만날 거야
My love...Someday 내 사랑... 어느 날
Whenever 만날 거야
The Spring breaks through 봄이 다시 오면 언제든지

You'll turn to me 그대는 나에게 올 거야
Out of the long ago 많은 세월이 흐르면
Warm as the wind 봄바람처럼 따스하게
Soft as the kiss of snow 눈의 키스처럼 부드럽게

Till then 그 때까지
My sweet 내 사랑
Tink of now and then 항상 나를 생각해주오
Godspeed 행운을 축복해요

love 내 사랑
Till you are mine 다시 그대가 나의 것이 될 때까지
Till you are mine 그대가 내 것이 될 때까지
Again

노래를 들으며 창밖을 바라보니 하염없이 눈이 내리고 있었다.

영화 『히말라야』감상

『킬리만자로의 눈』이라는 작품이 있다. 우리가 알다시피 헤밍웨이의 단편소설이다. 킬리만자로는 적도 가까이에 있는 산이다. 이 산은 흰 눈으로 덮여있다.

만년설을 이고 있는 산은 숭고하다. 이런 산은 범접할 수 없는 존재이다. 눈이 하얗기 때문이다. 눈이 갖고 있는 이미지는 숭고함이 아닐까?

헤밍웨이의 또 다른 단편에 『흰 코끼리 같은 언덕Hills like White Elephants』이라는 작품이 있다. 흰 코끼리는 불교에서는 신성시 된다. 상아가 6개 달린 흰 코끼리는 마야부인이 꾼 부처의 태몽이다. 그러나 이 소설에서 상징하는 흰 코끼리는 애물단지이다. 불윤에 의한 임신을 의미하기 때문이다.

세계가 눈사태로 말미암아 수난을 겪고 있다. 교통사고, 사망사고, 화재, 농작물의 피해 등. 사고와 손실이 대단하다. 눈은 이렇게 양면성을 갖고 있다.

처음 만년설을 이고 있는 산을 본 것은 로키 산맥에서 이었다. 그 후 중남미를 여행하면서 멕시코에서, 안데스 산맥에서 보았다. 안데스 산맥에서 가장 높은 아콩카구아 산도 눈을 이고 있었다. 멕시코 시에서 오아하까로 가면서 본 포프카테페틀 화산과 이스타시우아틀 화산(둘다 5,000m가 넘는 산)도 눈을 이고 있는 산이었다. 이 화산은 둘 다 활화산이다.

그러나 북중남미에서 본 눈 덮인 산들은 그렇게 많은 감명을 주지는 못했다. 여행 중에 가끔 눈에 띄어 그저 멀리서 바라본 산들이었기 때문이었다.

2014년에 유럽을 여행하면서 본 알프스의 눈 덮인, 너무나도 유명한 몽블랑, 마테호른, 아이거, 묀히, 융프라우 등 거봉들은 무한한 감동을 주었다.

몽블랑의 에귀의 뒤 미디Aiguille du Midi(3842m)에서 신비의 존재인 알피니스트도 많이 만났고 진짜 신비스런 고봉을 보았다. 테레카빈 파노라마 몽블랑Telecabine Panoramic Mont Blanc을 타고 프랑스-이탈리아 국경까지 갔다 오면서 본 설경은 눈이 부셨다.

다음에는 히말라야에 가는 것이 막연한 꿈이었다. 눈 덮인 히말라야! 세계에서 가장 높은 거봉이 14좌나 있는 곳. 이런 시기에 『히말라야』라는 영화가 나왔으니 보지 않을 수 없었다.

12월 25일에 영화관에 갔더니 표가 다 동나서 저녁 7시 표를 사가지고 집에 와서 시간에 맞춰 다시 가서 그 영화를 보았다. 관객이 그렇게 많은 데 놀랬다.

『히말라야』는 실제로 있었던 이야기를 영화화했다. 알피니스트의 철학, 의리, 신조, 지향 점 등을 보여주는 수준 높은 휴먼스토리이다.

히말라야 원정대에 신출내기 등산가 둘이 찾아온다. 박무택과 박정복이다. 둘은 원정대에 가입하기를 희망한다. 그러나 엄격한 원정대장은 가입을 허용하지 않는다. 히말라야 원정은 아무나 하는 것이 아니기 때문이다. 둘은 끈질기게 도전한다. 원정대 대장은 불가능할 것 같은 시험문제를 내놓는다. 둘은 각고의 노력 끝에 원정대장의 마음 문을 열고 만다.

박무택은 애인이 있다. 그는 히말라야 등산을 위해서 수년간 사귄 애인과 헤어지기로 결심한다. 그러나 여자 친구는 무택이의 마음을 알고 너무 사랑하기 때문에 결혼을 한다.

드디어 히말라야 도전이다. 원정대는 베이스캠프를 치고 착착 일을 진행한다.

베테랑 급으로 공격조가 편성되고 정상에 오르는 사람들이 떠난다. 두세 시간 등정을 하는 도중 불쑥 무택이가 공격조에 나타난다. 대장은 그의 당돌한 행동을 심하게 나무라지만 무택이는 기발한 기지로 위기를 모면하고 정상탈환에 동참하고 성공한다. 이때부터 대장과 무택이는 형제 이상으로 가까워진다.

세월이 흘러 등산대장은 발가락 부상과 가족의 만류로 등산을 접고 모대학 교수로 초빙된다. 그때 무택이는 대장이 떠나는 것을 아쉬워한다. 그리고 떠나지 말라고 간청한다. 그러나 대장은 가족에게 돌아간다.

그 후 무택이가 등산대장이 된다. 그리고 K2를 등산하고 하산하다가 정복이와 같이 조난사고로 생을 마감한다. 이 소식을 듣고 전 등산대장은 무택, 정복의 시신이라도 찾으려고 히말라야 원정대를 꾸미려고 옛

동지들을 찾아 호소한다. 그러나 아무도 나서는 사람이 없다. 대장은 자책하며 소주로 세월을 보낸다. 산사나이들은 대장의 진심을 알고 하나 둘씩 모여든다.

원정대는 애증이 첩첩이 쌓인 히말라야로 떠난다. 무택이의 아내도 동참한다. 50여일 넘는 천신만고 끝에 무택이의 시신을 찾아 수습했으나 시체를 가져오지 못하고 히말라야 산에 돌무덤을 만든다. 무택의 아내가 남편의 시신을 가져오기가 불가능함을 알고 남편이 정복이와 같이 있고 싶어 할 거라고 말하면서 가슴에 묻기로 결정했다.

영화의 선전지에는 이런 문구가 있다.

> "히말라야 등반 중, 생을 마감한 동료의 시신을 찾기 위해 기록도, 명예도, 보상도 없는 목숨을 건 여정을 떠나는 엄홍길 대장과 휴먼 원정대의 가슴 뜨거운 도전을 그린이야기"

솔직히 말해서 평소에 하나밖에 없는 목숨을 걸만큼 고봉의 등산이 가치 있는 일인가? 하는 의문이 많았다. 본인의 목숨뿐 아니라 가족의 행, 불행이 달려있는 문제이다. 알피니스트도 부모형제가 있고 결혼했으면 아내와 자녀가 있다. 히말라야 등정은 예사 산의 등산과는 완전히 다르다. 목숨을 걸어야 하는 고난도의 일이다. 히말라야에 도전했다가 목숨을 잃은 등산가들이 부지기수이다. 그런데도 간다.

차원이 낮은 이야기지만, 나도 한때 낚시에 미친 때가 있었다. 틈만 나면 밤이고 낮이고 낚시를 갔다. 집에서 내놓은 자식이 되었다. 무엇 때문에 낚시에 그렇게 미쳤는지 나도 모른다. 등산도 마찬가지가 아닐까.

이 영화를 보았다고 해서 그 의문이 완전히 해소된 것은 아니다. 그러나 조금은 이해되는 점이 있었다. 인생의 모든 문제가 그러하듯 현대인들에게 등산도 낚시나 스포츠처럼 인간의 삶속으로 깊숙이 침투해있다.

비행기의 사고는 전원 몰살이라는 공식이다. 그러나 조종사나 스튜어디스가 되는 사람도 많다. 비행기 조종사나 승무원은 매일이다 시피 위험한(?) 비행기를 타야한다. 그러면서도 조종사나 스튜어디스는 매력적인 직업이다.

세계 최초로 히말라야 8,000m급 14좌를 등반하고 50여권의 저서를 쓴, 전설적인 스위스 등산가라인 홀드 메스너의 〈검은 고독 흰 고독〉의 한 구절이 생각났다.

"정상이 이를 데 없이 고요해서 하산이 그다지 중요한 것으로 생각하지 않았다. 뜻이 없는 것 같기만 했다. 나는 고독의 바다에서 나와 우주의 안식처로 가는 느낌이었다."

바로 이거구나 하는 생각에 숙연해졌다.

실버극장 . 낭만극장

이런저런 이유로 노인들이 많이 모여서 유명한 종로 3가 지하철역 근처를 수없이 다녔으면서도 실버극장, 낭만극장이 그곳에 있는지 몰랐다. 인사동에 가려면 낙원동 떡 골목이 아니고 반대로 파고다 공원 쪽으로 해서 큰 도로를 건너가는 곳을 택한다. 그래야만 인사동을 제대로 보고 느낄 수 있기 때문이다. 그곳에는 두 길이 있는데 실버극장 쪽 골목은 먹자골목이라 어쩐지 가기가 싫다.

그런데도 하루는 먹자골목 길을 택했다. 특별한 이유가 있는 것은 아니었다.

정면으로 제임스 딘의 큰 사진이 눈에 들어왔다. 오륙십년대 젊은이들의 우상이었던 배우가 아닌가! 제임스 딘의 사진뿐 아니라 그 당시의 여배우들-마린린 먼로, 오드리 헵번, 그레스케리, 에리자베스 테일러 등의 사진도 있었다.

자세히 보니 실버극장과 낭만극장이 그 건물에 있었다.

실버극장의 상연 프로는 『스포트라이트』, 『카사불랑카』, 『쇼생크 탈출』, 『지상에서 영원으로』, 낭만극장의 영화포스터는 , 제니파 존스와 제임스 메이슨의 『Since you went away』와 역시 제니파 존스가 출연한 『Madame Bovary』등이었다.

흘러간 명작영화들이다. 그러나 그날의 상연 영화는 『진홍의 도적』. 망설이다가 보았다. 요금은 2000원 이었다.

사실 진홍의 도적은 별 감흥이 없었다. 관객은 많았다.

2010년 1월에 텍사스 주를 1주 정도 여행한 일이 있다. 뉴올리언스에서 텍사스 주의 가장 큰 도시 휴스턴을 거쳐 샌안토니오, 엘패소를 여행했다.

거대한 평원을 지나면서 제임스 딘의 영화 『자이언트』를 상기했다. 『자이언트』는 배경이 텍사스 주이다. 어딘가에서 록 허드슨의 저택과 대목장이 나오겠지 하고 아무리 기대해도 그와 비슷한 목장조차 나오지 않았다. 곳곳에 원유를 퍼 올리는 펌프가 보였다.

20대에 본 『자이언트』는 굉장히 긴 대작 영화이었다. 주인공들도 대단했다. 미남 배우 록 허드슨, 미녀 배우 엘리자베스 테일러, 그 당시 젊은이들의 우상인 제임스 딘이 열연했다. 안타까운 것은 이 영화가 딘의 유작인 점이다. 딘은 그 영화가 개봉되기도 전에 자동차 사고로 그만 죽고 말았다. 겨우 24살의 젊은 나이였다.

희미한 기억을 더듬어보면,

조지 스티븐스 감독의 대표작 중 하나인 『자이언트』는 1957년 아카데미 작품상을 포함 10개 부문이 노미네이트 되었으나 감독상만 수상한 작품이다.

목장주 빅 베네딕트(록 허드슨 분)는 미모의 여인 레슬리(엘리자베스 테일러 분)와 결혼해서 겉보기로는 행복한 생활을 한다. 그는 부자이지만 인색하고 편협하며 가난한 사람을 업신여기는 사람이다. 그 목장에 목동으로 들어온 제트 링크(제임스 딘)는 난봉꾼 같은 청년이다. 찌푸린 표정에 반항적이고 불만족한 일꾼이다.

제트 링크는 레슬리를 사모한다. 반면 그녀의 남편이며 거부인 베네딕트를 연적으로 간주한다. 그도 부자가 되면 레슬리를 빼앗아올 거라는 기대를 갖는다.

그는 품삯을 땅으로 달라고 한다. 토지가 너무 많은 목장 주 베네딕트는 별 생각 없이 가장 쓸모없는 변두리 토지를 떼어준다.

하루는 음식점에서 가족과 같이 온 빅 베네딕트와 만나 싸움이 벌어진다. 처음은 링크가 불리했으나 결국 레슬리 앞에서 그녀의 남편을 두들겨 패준다. 레슬리도 이상한 매력에 끌려 링크를 사랑하게 된다. 그러나 레슬리는 가벼운 여인이 아니다.

링크는 자기 소유가 된 땅을 발걸음으로 재서 표시한다. 그 연기가 명연기라 지금도 눈에 선하다. 그는 목장을 그만두고 석유를 캐내서 거부가 될 꿈을 꾼다. 온갖 비난이 쇄도한다. 그러나 그는 굽히지 않고 밤낮으로 노력한다.

어느 날 시추공에서 검은 황금이 하늘 높이 치솟는다. 그 때 하늘을 우러러 보며 시커먼 원유를 온몸으로 맞고 서있는 딘의 연기는 단연 톱이다. 원유는 그의 얼굴뿐 아니라 어깨와 가슴, 다리까지 흘러내린다.

그는 석유의 호황으로 대목장주 빅 베네딕트와 비교도 안 되는 대재벌이 된다.

링크는 사업가로 성공했고 자선사업도 많이 하여 지방 유지가 됐지만 결혼을 하지 않고 산다. 주위에서 결혼을 권고하지만 그는 레슬리에 대한 사랑 때문에 독신으로 지낸다. 무심한 세월이 흘러 링크도 머리카락이 희끗한 중년이 된다. 그는 레슬리를 여러 가지로 유혹하지만 그녀는 굳건하게 가정을 지킨다.

축제가 열리는 날이다. 레슬리의 딸이 퀸으로 뽑힌다. 축제의 퀸으로 나가겠다는 딸을 레슬리는 못나가게 한다. 링크는 그녀의 처신에 심한 상처를 받는다.

축제가 끝나고 야심한 밤에 나비넥타이 정장을 한 링크는 커다란 홀에

혼자 앉아있다. 그는 폭음을 한다. 비틀비틀 술에 만취한 연기, 혀 꼬부라진 소리. 홀에는 수천 개의 고급 술병이 진열되어 있다. 인사불성이 되도록 취한 링크는 앞에 있는 진열장을 밀어붙인다. 진열장은 도미노 현상을 일으키며 넘어져 굉음을 내며 깨어진다. 이 장면도 지금까지 잊히지 않는다. 그리고 영화는 끝난다.

『자이언트』는 실버극장이나 낭만극장에서 상연되지 않았다. 내가 모르는 시기에 상연되었는지 모르지만. 자이언트는 딘의 명연기로 말미암아 록 허드슨의 『자이언트』가 아닌 제임스 딘의 『자이언트』가 되고 말았다.

흘러간 명화를 노인들을 위해서 헐값으로 상연해주는 극장이 있다는 것은 반가운 일이다.

가끔 그곳에 가서 마음에 드는 흘러간 영화를 보고 싶다.

『라라 랜드』영화에 대하여

2017년 아카데미 시상식에서는 역사상 최악의 사건이 발생했다. 무대에 선 워렌 비티Warren Beatty와 페이 더너웨이Faye Dunaway가 착각을 했을 수도 있었다. 작품상으로 선정된『문라이트Moonlight』대신 14개 부분에 노미네이터 된 『라라 랜드La La Land』를 발표했기 때문이었다.

그럴 만도 했다. 『라라 랜드』는 이미 제22회 크리틱스 초이스Critics' Choice Movie Awards 영화상에서 작품상, 감독상, 각본상을 포함해 여덟 부문에서 수상했다. 또한 제74회 골든 글로브상HFPA, Hollywood Foreign Press Association 가 수여하는 상)에서 영화 뮤지컬 코미디 부문 작품상, 감독상, 각본상, 음악상, 주제가상을 포함한 일곱 부문에서 수상했다.

이런 현상은 누가 보아도 2017년 최고의 영화는 『라라 랜드』 라고 믿기 때문이었다.

아카데미 상이 백인들의 잔치라는 불만이 터졌고 지난해에 대통령으로 당선된 트럼프의 유색인종 차별정책에 대한 반발로 『문라이트』가 선정되었다는 뒷이야기가 있었다. 두 말할 필요도 없이 예술작품 시상은 이런 정치적인 이유로 결정되어서는 절대로 안 된다.

그러니까 2017년 아카데미상은 이래저래 영화사에 커다란 오점을 남기게 되었다.

『라라 랜드』를 봐야겠다는 생각은 진작 했지만 기회를 놓치고 말았다. 대전에서는 이미 상연이 끝났고 이웃 도시인 청주의 한 극장에서만 상연을 하고 있었다. 우리는 청주에 가기로 했다. 마침 미선나무 꽃이 피었다고 해서 그것도 구경하고 사진도 찍기로 했다.

영화를 보러 타 도시에 가는 것은 난생 처음이다.

『라라 랜드』에 이렇게 목을 맨 것은 특별한 이유가 있어서는 아니었다. 불현 듯 그 영화가 보고 싶었다.

봄비가 촉촉이 내리고 있었다. 모처럼 하는 드라이브는 기분 좋은 일이었다. 고속도로는 비가 오는데도 많은 차량이 쏟아져 나왔다. 청주는 깨끗한 도시이다. 가까이 있는 도시이지만 자주는 못 갔다.

영화의 제목인 'La La Land'는 '몽상의 세계', '꿈의 나라'의 뜻이란다. 그리고 La La는 로스앤젤레스의 'LA'와 같아서 이 도시의 별칭의 하나이다. 제목이 이러하니 영화의 성격이나 전개를 짐작할 수가 있다.

도입부가 일반 영화와 달리 고속도로의 교통체증에 지친 운전수들의 노래와 춤으로 시작된다. 이 부분은 영화의 전편을 짐작하게 하는 알레고리이다. 고속도로를 질주하는 차들이 교통체증으로 꼼짝 못한다는 것은 비단 고속도로에서만 일어나는 것이 아니고 인간 사회에서도 마찬가지라는 이야기이다.

주인공 둘은 예술을 지망하는 사람들이다. 남자는 재즈로, 여자는 일인 배우로 성공하고자한다. 그러나 현실은 녹녹하지가 않다. 결국 꿈과 사랑, 예술과 현실의 틈바귀에서 고뇌하는 인간을 그린 멜로성격의 영화이다.

> 이 영화에 대하여 톰 행크스Tom Hanks는 "라라랜드는 신이 내린 선물 같은 영화" 라고 평했다고 한다.

배우 지망생인 미아가 재즈 음악가가 되려는 세바스찬과 만나 사랑하고 헤어지는 스토리의 영화이다. 이 영화의 특징은 뮤지컬 영화인만큼 음악과 춤이 주류를 이룬다. 현대 영화에서 빠질 수 없는 불륜이나 살인이 없는 순박한 영화라는 점도 특이하다.

물론 미야와 세바스찬의 사랑과 헤어짐은 통속적이다. 통속적이지만 그들의 사랑의 정점은 지순한 것이었다. 그런 사랑은 지속불가하다. 그들도 '사랑과 결혼은 따로따로' 라는 말을 그대로 답습한다.

전편을 흐르는 춤과 노래는 뮤지컬 영화답게 생동감을 준다. 도시생활에 지친 현대인들의 영혼에 피난처를 제공하기에 충분하다. 동원된 음악은 약30곡인데 중요 노래는 다음과 같다.

01. Another Day Of Sun
02. Someone In The Crowd by Emma Stone
03. Mia &Sebastian's Theme
04. A Lovely Night by Ryan Gosling, Emma Stone
05. Herman's Habit
06. City of Stars (Pier) by Ryan Gosling
07. Planetarium
08. Summer Montage / Madeline

09. City of Stars by Ryan Gosling, Emma Stone
10. Start A Fire by John Legend
11. Engagement Party
12. Audition by Emma Stone
13. Epilogue
14. The End
15. City of Stars (Humming) by Emma Ston

감동을 주는 장면이 참 많았다. 처음 만나서 밤에 LA를 바라보다가 즉흥적으로 춤을 추는 장면과 그린피스천문대에서 추는 춤은 환타지의 극치가 아닌가 하는 생각이다. 모처럼 영화다운 영화를 본 것 같았다.

그들의 사랑이 깊어질수록 현실문제는 현실로 다가온다. 세바스찬은 사랑을 위하여 꿈을 접는다. 이런 세바스찬을 바라보는 미아는 그에게서 꿈이 없어지는 것을 안타가워한다. 결국 사랑에만 매달린 남자는 쪽박을 차고 여자는 유명한 배우가 되고 인생에서 성공한다. 그녀에게는 부와 명예가 따른다.

시간의 흐름을 〈5.1. 겨울〉 〈5.2.봄〉 〈5.3.여름〉 〈5.4.가을〉 〈5.5. 겨울〉로 표현한 것도 특이하다. 겨울에서 시작해서 겨울에서 끝난다. 스토리는 다분히 통속적이다. 통속적인 이야기가 다분히 현대적이다.

5년 후 다른 남자와 결혼해서 아이까지 낳은 미아는 남편과 같이 세바스찬의 연주회에 나타난다. 세바스찬의 생활은 미아를 처음 만났을 때와 조금도 달라진 게 없다. 이 대비는 관객들에게 진한 슬픔을 안겨준다. 그러나 이 장면은 얼마든지 있는 현실이다.

라라의 주제곡들이 차례로 연주되면서 영화는 꿈속으로 사라진다.

『라라 랜드』는 감상문이나 설명과 비평이 필요없는 영화이다. 생각날 때면 그냥 즐겨 보면 되는 영화이다.

배인환 산문집 12

한말글 사랑과 영화 감상

2020년 10월 00일 인쇄
2020년 10월 00일 발행

|지 은 이| 배인환
|발 행 인| 정해석
|후 원| 대전광역시, (재)대전문화재단

|펴 낸 곳| (주)애드파워
|주 소| 대전시 유성구 대학로 227번길
|전자우편| addpower1@hanmail.net
|대표전화| 042-862-9607
|팩 스| 042-862-4510

ISBN : 978-89-88852-84-2 (03800)
값 15,000원

이 사업은 대전광역시 DAEJEON METROPOLITAN CITY 대전문화재단 에서
사업비 일부를 지원 받았습니다.